T0209090

essentials

essentials liefern aktuelles Wissen in konzentrierter Form. Die Essenz dessen, worauf es als „State-of-the-Art" in der gegenwärtigen Fachdiskussion oder in der Praxis ankommt. *essentials* informieren schnell, unkompliziert und verständlich

- als Einführung in ein aktuelles Thema aus Ihrem Fachgebiet
- als Einstieg in ein für Sie noch unbekanntes Themenfeld
- als Einblick, um zum Thema mitreden zu können

Die Bücher in elektronischer und gedruckter Form bringen das Expertenwissen von Springer-Fachautoren kompakt zur Darstellung. Sie sind besonders für die Nutzung als eBook auf Tablet-PCs, eBook-Readern und Smartphones geeignet. *essentials:* Wissensbausteine aus den Wirtschafts-, Sozial- und Geisteswissenschaften, aus Technik und Naturwissenschaften sowie aus Medizin, Psychologie und Gesundheitsberufen. Von renommierten Autoren aller Springer-Verlagsmarken.

Weitere Bände in der Reihe http://www.springer.com/series/13088

Martin W. Angler

Journalistische Praxis: Science Storytelling

Warum Wissenschaft Geschichten erzählen muss

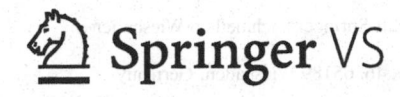 Springer VS

Martin W. Angler
Wissenschaftsjournalist
Bozen, Italien

ISSN 2197-6708   ISSN 2197-6716   (electronic)
essentials
ISBN 978-3-658-29823-4   ISBN 978-3-658-29824-1   (eBook)
https://doi.org/10.1007/978-3-658-29824-1

Die Deutsche Nationalbibliothek verzeichnet diese Publikation in der Deutschen Nationalbibliografie; detaillierte bibliografische Daten sind im Internet über http://dnb.d-nb.de abrufbar.

Planung/Lektorat: Barbara Emig-Roller
Springer VS ist ein Imprint der eingetragenen Gesellschaft Springer Fachmedien Wiesbaden GmbH und ist ein Teil von Springer Nature.
Die Anschrift der Gesellschaft ist: Abraham-Lincoln-Str. 46, 65189 Wiesbaden, Germany

Was Sie in diesem *essential* finden können

- Warum Wissenschaft Geschichten erzählen muss
- Die Bausteine guter Geschichten
- Geschichten strukturieren
- Story-Formeln aus Fernsehen und Kino
- Stilregeln zum besseren Schreiben

*Dieses Buch ist all jenen gewidmet,
die ein klares Ziel vor Augen haben, es
aktiv verfolgen und sich dafür aus ihrer
Komfortzone wagen.*

Vorwort

Charlie Brooker hat mit seiner fiktiven Netflix-Erfolgsserie „Black Mirror" mehr Menschen für die Folgen blinden Medien- und Technologiekonsums sensibilisiert als alle hochtrabenden Hochglanzkolumnen dieser Welt zusammengenommen. Mehr muss man über die Macht von Geschichten nicht sagen.

Martin W. Angler

Inhaltsverzeichnis

Warum Wissenschaft Geschichten erzählen muss

1.1 Wir können es uns nicht anders leisten

Darf Wissenschaft Geschichten erzählen? Verliert sie dadurch an Glaubwürdigkeit? Und was gibt es dabei zu gewinnen? Diese Fragen schwirren in meinem Kopf umher, als ich den Journalisten und Pulitzer-Preis-Gewinner Jack Hart letzten Winter in Oregon anrufe. Er sitzt gerade zu Hause, erholt sich von einem Sturz im Schneesturm vor seinem Haus und erzählt mir: „Und wie! Wissenschaft ist vollgepackt mit Geschichten." Hart war Zeitungsredakteur beim *Oregonian* und hat mit seinen Autoren preisgekrönte Geschichten gestrickt. Dafür hat er eine Struktur entwickelt, die auf jahrtausendealten Story-Regeln basiert. Harts Struktur ist im Prinzip ein Spannungsbogen, in den Autoren wichtige Story-Ereignisse einzeichnen können. Harts Geschichten funktionieren, weil sie Storytelling-Elemente wie Protagonisten und Spannungsbögen verwenden. Das funktioniert nahezu immer, weil wir alle darauf programmiert sind, Geschichten als inhärente Wahrheiten anzunehmen.

Hart ist Journalist und Geschichtenerzähler. Wissenschaftler sind das meistens nicht. Warum nicht? Geschichten sind ja so alt wie die Menschheit selbst. Jeder von uns weiß instinktiv, was eine gute Geschichte ist. Aber niemand bringt uns bei, wie wir eine gute Geschichte schreiben können. Das passiert weder an Schulen noch an Unis. Stattdessen konzentrieren sich Lehrer im Sprachunterricht oft auf literarische Textanalyse und lyrische Interpretationen.

Storytelling nicht als Schulfach zu unterrichten, ist dumm, denn wer gute Geschichten erzählen kann, kommt privat wie beruflich weit. Gute Geschichten sind immer gefragt. Wissenschaft ist da keine Ausnahme, obwohl (oder gerade weil) sie komplex ist. Im Gegenteil, gerade weil sie komplexe Inhalte vermitteln muss, braucht Wissenschaft Story-Techniken, um diese zu vermitteln. So, wie wissenschaftliches Schreiben an Hochschulen unterrichtet wird, entwöhnen die Lehrer ihre Studenten aber von jeder Storytelling-Intuition, die sie als kleine Kinder schon beim Erzählen von Gutenachtgeschichten mitbekommen haben. Die unpersönliche und fade Schreibe, die dabei vermittelt wird, erweckt einen falschen Eindruck unbegrenzter Objektivität, die Wissenschaft de facto nicht liefern kann.

Wissenschaft spricht eine besondere, für die Außenwelt kryptische Sprache, und das ist in Ordnung so. Nur darf sie sich nicht beschweren, von der Gesellschaft nicht verstanden zu werden. Das ist in vielerlei Hinsicht schade, denn Wissenschaft arbeitet nicht losgelöst von der Gesellschaft, sondern als Teil von ihr, mit ihr und für sie. Klima-Richtlinien etwa können von Wissenschaftlern beeinflusst werden, aber die Entscheidungen treffen letztlich Politiker. Damit sie solide Entscheidungen im Interesse aller treffen, also im Sinne des Kategorischen Imperativs nach Kant, müssen wissenschaftliche Berater ihnen klar vermitteln können, was wichtig ist, und wieso. Dafür gibt es eine Reihe von Storytelling-Techniken, von denen wir uns einige in diesem Buch ansehen werden. Dabei geht es nicht um Manipulation, sondern um die Tatsache, dass Menschen so gebaut und trainiert sind, auf Geschichten instinktiv zu reagieren und Informationen darin lang zu behalten. Wir lernen durch Geschichten und nicht durch das Aufsaugen nackter, aneinandergereihter Information. Deshalb müssen Wissenschaftler raus aus dem Elfenbeinturm. Die wissenschaftliche Methode (wenn es überhaupt eine gibt, oder besser: geben darf), darf nicht mit der sich selbstbeweihräuchernden Publikation der Resultate in Hochglanzzeitschriften aufhören.

Wissenschaft muss raus und in einen direkten Dialog mit der Bevölkerung treten. Das ist einerseits ihre Pflicht, weil die Gesellschaft Forschung erst ermöglicht. Andererseits ist es im nicht un-narzisstischen Eigeninteresse der Wissenschaft, die größtmögliche Verbreitung ihrer Forschungsergebnisse zu erzielen und damit die Wahrscheinlichkeit zu erhöhen, zitiert zu werden. Zumindest beim derzeitigen Bewertungsschema der Forschung verheißt das in der Regel: Karrieresprünge. Wer also bessere Geschichten erzählt, wird von mehr Fachkollegen gelesen und hat eine höhere Wahrscheinlichkeit, auch von der Allgemeinheit verstanden zu werden. Fairerweise muss ich ergänzen, dass das für die Wissenschaftler nicht immer gut ausgeht. Der Astronom Carl Sagan hatte ein besonderes Talent, Geschichten zu erzählen und erkannte, dass Erklärungen und Erzählungen und deren Formate an das Publikum angepasst werden müssen. Dafür bekam er zwar viel Lob von der Allgemeinheit, dafür schlug ihm aber heftige Kritik seiner wissenschaftlichen Kollegen entgegen. Sie bemängelten die Qualität seiner wissenschaftlichen Arbeiten. Zu Unrecht, denn bis heute wurde Sagan fast 30.000 Mal bei Google Scholar zitiert (falls das überhaupt ein Maß für die Qualität sein darf, im Moment ist das allerdings der Status quo). Das Phänomen, Wissenschaftler für ihr Engagement in der Öffentlichkeitsarbeit zu kritisieren, ging als „Carl Sagan-Effekt" in die Wissenschaftsgeschichte ein (Martinez-Conde 2016). Die Angst hemmt viele Wissenschaftler dabei, sich an die Öffentlichkeit zu trauen. Genau wie Angst haben auch Geschichten Einfluss auf unser Gehirn und unsere Biochemie.

1.2   Wie Geschichten auf unser Gehirn wirken

Das lässt sich messen. Wenn wir Geschichten sehen oder hören, schüttet unser Hirn Botenstoffe wie Dopamin (Glücksgefühle) und Cholesterol (Stress und Aufmerksamkeit) aus. Dazu kommt das „Liebeshormon" Oxytocin, das als Botenstoff bei Körperkontakt ausgeschüttet wird. Beim Stillen, während Orgasmen und nach der Einnahme von MDMA erhöht sich der Oxytocinspiegel. Gesten von Vertrauen, Güte und Trost erhöhen den Spiegel ebenfalls. Erhöhte Oxytocinwerte lassen uns empathischer sein und erhöhen unsere Kooperationsbereitschaft mit anderen. Das ergibt alles Sinn: Klassisch gestrickte Hollywoodfilme, aber auch Romane bauen darauf, dass sich das Publikum mit dem Protagonisten identifiziert. Der Neuroökonom Paul Zak nahm deshalb Probanden Blutproben vor und nach dem Konsum von Geschichten ab und fand heraus, dass besonders Figuren-getriebene Geschichten höhere Oxytocinwerte im Blut verursachen (Zak 2014). Das ist aber noch nicht alles. Mehr Oxytocin heißt auch eine höhere Hilfsbereitschaft. In Folgestudien stellte Zak fest, dass der Aufbau von Spannung in Narrativen die Aufmerksamkeit der Probanden nicht nur fesselte, sondern auch aufrecht auf einem Spannungsplateau hielt. Glückt das, identifizieren sich die Zuschauer so stark mit den Figuren, dass sie deren Verhalten und Gefühle auch nach dem Ende der Geschichte nachahmen. Zak empfiehlt deshalb, den Sinn eines Business immer zuerst mit echten Figuren zu zeigen. Bei Wissenschaft funktioniert das genauso. Tatsächlich fand Zak auch heraus, dass wir besonders stark auf Joseph Campbells Heldenreise reagieren und derart vermittelte Informationen am längsten behalten. Im Umkehrschluss heißt das natürlich auch, dass wir Informationen, die unstrukturiert aneinandergereiht sind, schlechter behalten. Information bleibt deshalb hängen, weil sie strukturiert ist.

Geschichten sind spezifische, geordnete und miteinander scheinbar kausal verbundene Ereignisse. Wie der BBC-Geschichtenerzähler John Yorke in seinem Buch „Into the Woods" schreibt, sind Geschichten unsere Art, Ordnung ins Chaos der Welt zu bringen. Das passiert in einigen Fällen unbewusst. So tendieren wir beispielsweise dazu, Ereignissen, die einfach nacheinander passieren, einen kausalen Zusammenhang zuzuschreiben. Studien zeigen, dass wir gar nicht anders können, als eine kausale Verbindung zwischen Ereignissen herzustellen. Passiert „B" *nach* „A", urteilen wir instinktiv, dass „B" sich *wegen* „A" ereignet hat. Das ist einer der Gründe, wieso Wissenschaftsjournalisten häufig falsche Zusammenhänge suggerieren. Ein klassisches Beispiel dafür ist der implizierte Übertrag von Maus-Forschung auf den Menschen. So titelt beispielsweise das Portal wissenschaft.de (im Auftrag von *bild der wissenschaft*) im Januar 2020: „Stress lässt uns wirklich ergrauen". Die Studie, auf die sich der Beitrag bezieht, handelt aber lediglich von Experimenten an Mäusen. Auch wenn das im Text noch klargestellt wird: Der Titel alleine ist irreführend. Und vor allem im Netz lesen bis zu 60 % der Leser nur den Titel und Vorspann, anstatt auf den Artikel zu klicken. Allein das Pronomen „uns" suggeriert den Lesern, dass die Forscher herausgefunden haben, was Menschenhaar ergrauen lässt – und nicht Mausfell. Haben sie nicht. Besser macht es der *SPIEGEL*, der titelt: „Studie mit Mäusen: Stress macht graue Haare".

Die Berichterstattung mit falschen Suggestionen ist zweifach gefährlich. Sie erodiert einerseits das Vertrauen der Leser in die Wissenschaft (und den Journalismus), sobald klar wird, dass die Autoren gelogen haben. Es zeigt andererseits auch, dass wir alle nur allzu gerne kausale Zusammenhänge herstellen, wenn es gar keine gibt. Belege dafür finden sich in Biologie und Psychologie.

Das bekannte „Confirmation Bias"-Phänomen, also die Bestätigung vorhandener Weltanschauungen, schlägt in die gleiche Kerbe wie das Phänomen der falschen Zusammenhänge. Confirmation Bias ist leider auch der Grund, wieso wir, wenn wir erst einmal eine Weltanschauung entwickelt haben, davon nur schwer abzubringen sind. Reine Informationen reichen dafür in der Regel nicht aus. Deshalb funktionieren die meisten wissenschaftlichen Faktenchecks auch nicht, wenn das Publikum erst einmal emotionalisiert ist (Bardon 2020). Storytelling-Techniken funktionieren dann nur mehr bedingt. Die Informationen dringen über unterschiedliche Pfade ins Gehirn ein und veranlassen das Publikum zu emotional motivierten Reflexreaktionen, ohne ihr Bewusstsein dafür einzuschalten. Das erklärt auch, wieso emotional hochkochende Themen auf Social Media sofort kommentiert werden, ohne den Beitrag vorher gelesen zu haben.

Gut 60 % der Facebook-Posts werden nicht angeklickt, die Artikel dahinter bleiben also ungeöffnet. Kommentiert werden sie aber schon. Meinungsbildung funktioniert also auch ohne Information.

Wenn wir Geschichten konsumieren, verändert sich auch unsere Gehirnaktivität, wie der israelische Neurowissenschaftler Uri Hasson zeigte. Dazu schob er seine Studienteilnehmer in einen Kernspintomografen und zeigte ihnen zuerst zusammenhanglose Sprachfetzen, dann umgekehrt abgespielte Geschichten und dann erst die richtigen Geschichten. Beim „Neural Coupling" richten sich Hirnwellen des Publikums in manchen Hirnregionen aufeinander aus (Hasson 2016). Das passiert aber erst, wenn ganze Geschichten abgespielt werden. Dann aktivieren sich komplexe Hirnbereiche wie die Großhirnrinde. Das Ganze funktioniert sprachunabhängig. Dieselbe Geschichte auf Russisch oder Englisch aktiviert dieselben Hirnbereiche. Die Zuhörer befinden sich also wortwörtlich auf derselben Wellenlänge. Das passiert auch zwischen dem Geschichtenerzähler und den Teilnehmern. Und der Effekt trägt sich von selbst weiter: Wenn einer der Teilnehmer dieselbe Geschichte weitererzählt, passiert dasselbe in den Gehirnen des neuen Publikums. Kein Wunder also, dass gemeinsame Kultur und Erlebnisse ganze Volksgruppen verbinden.

Genau deshalb muss Wissenschaft endlich Geschichten erzählen. Nicht nur die Journalisten, auch die Wissenschaftler selbst. Es geht nicht anders. Die Alternative wäre, den Fake Newsern und Internettrollen und Orangenköpfen dieser Welt das Feld zu überlassen. Das ist keine Option.

Fake News funktionieren deshalb, weil sie immer Geschichten erzählen. Es sind zwar unfundierte Geschichten, aber sie überzeugen genau deshalb, weil sie gezielt Storytelling-Elemente einsetzen. Eine US-amerikanische Fallstudie zeigt, dass unsere angeborene Eigenschaft, aneinandergereihte Fakten zu verbinden und als kausal zusammenhängend zu betrachten, in der Impfdebatte großen Einfluss hat. Der amerikanische Junge Ian Gromowski erhielt 2007, acht Tage nach seiner Geburt, eine Hepatitis B-Impfung. „Stunden später schrie er untröstbar, verweigerte seine Nahrung und nahm eine verkrampfte Körperhaltung ein. Die Anzahl seiner Blutplättchen sackte ab." So lautete die Beschreibung seiner Eltern, die über den Vorfall bloggten. Die Fotos des aufgedunsenen Jungen mit Ausschlag machten im Netz schnell die Runde. Am 47. Tag nach seiner Geburt starb Ian Gromowski. Nachdem seine Eltern ausgeschlossen hatten, dass es andere Ursachen geben kann, nahmen sie an, es wäre die Impfung gewesen. Das ist bis heute nicht bewiesen, hat aber Öl ins Feuer der Impfdebatte gegossen (Shelby und Ernst

2013). Die Gromowskis hatten eine Falschnachricht verbreitet. Sie war narrativ schlüssig, klang nach logisch aufeinander folgenden Ereignissen. Deshalb fand sie so starken Anklang. Solche Ereignisketten sind intrinsisch überzeugend, und in diesem Fall ist das ein ernst zu nehmendes Problem. Die Forscherinnen Shelby und Ernst fanden aber auch heraus, dass es sehr wohl Gegenmittel für falsche Geschichten geben kann. Dabei fallen zwei Aspekte auf: Erstens, Impfgegner können nicht einfach geistig umgedreht werden. Dazu braucht es eine tiefe Einsicht, und die erlangen sie erst, wie in einem weiteren Fallbeispiel beschrieben, nach katastrophalen Einschnitten (im Fallbeispiel ist dies der Beinahe-Tod des Kindes eines früheren Impfgegners). Das führt zum zweiten Aspekt: Positiv dargestellte Anti-Fake-News-Geschichten funktionieren nicht als Gegenmittel, wenn sie beispielsweise die Erfolgsquoten von Impfungen zeigen oder ein Kind porträtieren, das durch Impfung eben nicht erkrankt ist. Damit sie wirken, müssen Anti-Fake-News-Nachrichten genauso negativ sein wie die meisten Fake News-Geschichten. Dass Negativität so stark auf die Gesellschaft wirkt, hat seine Ursache zum einen im gängigen Verständnis von Nachrichtenwert. Der effektivste Nachrichtenwert ist immer noch Negativität, wie die norwegischen Soziologen Galtung und Ruge in einem wissenschaftlichen Aufsatz 1965 definierten. Dummerweise hat die Medienbranche den Katalog der beiden falsch verstanden und seit 55 Jahren als Vorlage zur Auswahl der Nachrichten verwendet. In Wahrheit wollte Galtung vor ihnen warnen.

Mit nackten Fakten aus dem Elfenbeinturm kann Wissenschaft dem Fake News-Ansturm also nicht trotzen. Wissenschaft braucht Story-Techniken, um faktenbasierte, fesselnde Geschichten zu erzählen. Im nächsten Kapitel sehen wir uns an, welche Bestandteile eine Geschichte benötigt.

Story-Elemente

2

Es gibt eine Vielzahl von Definitionen dafür, was eine Geschichte ist. Die meisten dieser Definitionen enthalten bereits alle wichtigen Story-Elemente. In ihrer einfachsten Form ist eine Geschichte ein Problem und die dazugehörige Lösung. Deshalb funktionieren Social Media-Werbetexte nach diesem Schema wunderbar: „Sie haben ein Problem, wir die Lösung". Das setzt natürlich eine Figur voraus, die das Problem überhaupt erst hat. Der Weg vom Problem zur Lösung und das Überwinden von Hindernissen gehört ebenfalls zur Geschichte. Etwas komplexer wird die Definition, wenn man die Definition nach der Hegelschen Dialektik betrachtet. Eine These wird mit einer Antithese konfrontiert, und idealerweise verbinden sich die beiden zu einer Synthese. Das spiegelt ziemlich genau den Ablauf von Hollywood-Filmen wider: Die These (Einführung des Protagonisten in seiner normalen Umgebung), die Antithese (Komplikation, die zum Anstreben eines Ziels führt), und die Synthese, also die Verbindung beider Welten. In Monster-Horrorfilmen beispielsweise ist die Antithese zum Protagonisten das Ungeheuer selbst. Es besitzt Eigenschaften, die dem Protagonisten fehlen. Im Laufe seiner Prüfungen erlangt dieser Wissen über das Monster, mit dem er es besiegen kann; dazu muss er in aller Regel sich selbst besser kennenlernen. Im Film sind diese drei Entitäten klar in drei Akte aufgeteilt.

Die Hegelsche Dialektik repräsentiert den Akt des Lernens selbst. Studenten haben ein Vorwissen (These), werden mit neuem, unbekanntem Wissen konfrontiert (Antithese) und verschmelzen beides zu einem neuen Kenntnisstand (Synthese). Für BBC-Geschichtenerzähler John Yorke ist dies die grundlegendste Form einer Geschichte: Im Dialog treffen zwei gegensätzliche Meinungen (These und Antithese) aufeinander. Einer der beiden (oder beide) Gesprächspartner erfährt etwas Neues und erweitert seinen Kenntnisstand (Synthese). Wie sieht es

M. W. Angler, *Journalistische Praxis: Science Storytelling*, essentials, https://doi.org/10.1007/978-3-658-29824-1_2

in Forschungsprojekten aus? Genauso. Ein Wissenschaftler (Protagonist) startet beim aktuellen Wissensstand (These), findet eine Lücke oder ein Problem darin (Antithese), formuliert ein Ziel, überwindet dabei eine Reihe von Hindernissen, erlangt durch seine Forschung einen neuen Wissensstand (Moment der Einsicht) und kehrt damit in die Welt der Forschung zurück, um seine Erkenntnisse zu teilen. Der Status quo hat sich verändert. Hart hatte also guten Grund, mir zu sagen, dass Wissenschaft voll von Geschichten ist.

Dieses Schema entspricht in groben Zügen der Heldenreise des amerikanischen Literaturprofessors Joseph Campbell. Campbell analysierte zahlreiche mythische Geschichten und fand dabei wiederkehrende Muster und Elemente. Er ließ Jungsche Psychologie einfließen und publizierte das Buch als „The Hero's Journey." Bei der Heldenreise hat ein Protagonist ein Problem, das ihn aus der Komfortzone wirft. Also tritt er von der bekannten Welt in eine unbekannte ein, um es zu lösen, trifft dabei auf Hindernisse und kommt verändert und um mindestens eine Erkenntnis reicher in seine normale Welt zurück. Das lässt sich prima auf fast beliebige Forschungsprojekte ummünzen. Fast 30 Jahre später, 1977, las ein junger kalifornischer Uniabgänger das Buch und schrieb nach Campbells Schema einen Film, der zu einer der erfolgreichsten Filmreihen Hollywoods werden sollte. Der Drehbuchautor heißt George Lucas, sein Film „Krieg der Sterne".

2.1   Figuren

Der Begriff „Heldenreise" ist etwas irreführend, denn damit verbindet man instinktiv unfehlbare Figuren. Protagonist Luke Skywalker ist in „Krieg der Sterne" alles andere als perfekt. Er ist launisch und wütend. Gute Geschichten sind nur dann gut, wenn die Figuren dreidimensional sind. Dazu gehören folgende (auf Forschung getrimmte) Eigenschaften:

- **Positive Charaktereigenschaften:** In der Wissenschaft kann das Expertise sein, Hartnäckigkeit oder einfach das Bestreben, die Welt ein bisschen besser zu machen.
- **Schwäche:** Was macht den Forscher menschlich? Es muss sich nicht immer um einen Makel handeln, es kann genauso gut der motivierende, menschliche Faktor sein, der einen Forscher zu seinem Vorhaben treibt. Verbindende Schwächen wie Perfektionismus sind nachvollziehbar. Schwerwiegende wie Bosheit aber nicht.

- **Problem:** Damit ist in der Regel das überspannende Problem gemeint, das überhaupt zum Forschungsprojekt geführt hat.
- **Ziel:** Eine Figur verfolgt aktiv ein klares Ziel. Fehlt das, ist sie kein würdiger Protagonist.
- **Hindernisse:** Wäre das Ziel ohne Widerstand erreichbar, wäre die Geschichte keine.
- Konflikt: Hindernisse sind Konflikte, allerdings in der Regel externe. Figuren haben oft mit internen Konflikten zu kämpfen (dazu gibt es ein eigenes Unterkapitel). Egal, um welche Konflikte es sich handelt. Ohne Konflikt gibt es keine Erkenntnis und keine Veränderung.
- Status: In der Wissenschaft ist der Status oft gleichbedeutend mit Reputation. Die Darstellung von Statussymbolen sagt oft mehr über Figuren aus als lange Beschreibungen. Die Regel heißt hier: „Show Don't Tell", also zeigen, nicht sagen.
- **Reise und Veränderung:** Im Campbellschen Sinn entspricht die Heldenreise dem Handlungsbogen des Protagonisten. Im Laufe seiner Reise macht er verschiedene Veränderungen durch. Nach jedem überwundenen Hindernis wächst der Protagonist über sich hinaus. Veränderung ist einer der Schlüsselbegriffe im Geschichtenerzählen (und generell im Leben). Jede Szene sollte Veränderung beinhalten und den Protagonisten entweder vorwärts bringen oder zumindest seinen Kenntnisstand erweitern (oder den des Publikums)

Filme beginnen oft mit einer Einführung in die Welt des Protagonisten und zwar vor dem erregenden Moment, das dessen Welt ins Wanken bringt. Die Ruhe vor dem Sturm sozusagen. Beim Schreiben ist diese Einführung zwar deskriptiv möglich, aber die Charaktereigenschaften lassen sich besser durch das „Show Don't Tell"-Prinzip zeigen anstatt sie zu beschreiben. Ein Beispiel: Wenn Sie beschreiben wollen, dass der Protagonist ungeduldig ist, können Sie das den Lesern entweder sagen („Dr. Hoferman ist ungeduldig") oder es ihnen zeigen („Dr. Hoferman hat einen hochroten Kopf und drückt hektisch auf den ‚Lift Schließen'-Knopf"). Elemente zu beschreiben ist trotzdem notwendig. Dazu reichen in der Regel zwei, drei Adjektive, die das äußere Erscheinungsbild des Protagonisten beschreiben. Der Rest ist der Fantasie der Leser überlassen. In der ersten Phase (Exposition, mehr darüber findet sich im Kapitel über Struktur) geht es darum, den Status quo zu zeigen. Dafür müssen Sie im Kopf der Leser lebhafte Bilder erzeugen. Stilistisch heißt das, treffende und möglichst genaue Adjektive zu verwenden. Oft reichen dafür prägnante Verben und Nomen aus. Adverbien braucht kein Mensch.

Auf dieselbe Weise lassen sich Schwächen darstellen (auch wenn ich den Begriff hier vorsichtig benutzen will). Erst durch die Darstellung von Schwächen wirkt eine Figur rund. Ansonsten erscheint sie für das Publikum aalglatt poliert und damit unauthentisch. Jeder Mensch weiß, dass es keine makellosen Menschen gibt. Und genau hier beißt sich die Selbstdarstellung der Wissenschaft mit der Realität. Fehler zuzugeben tut weh. Auch wenn jemand Schwächen nicht zugeben will, erkennt man sie durch seine Taten und Statussymbole. Für den Narrativjournalisten Tom Wolfe (Autor von „The New Journalism") sind äußerliche Statussymbole wie Kleidung und Autos von großer Bedeutung. Das klingt fast ungewollt ironisch, weil sich gerade Wolfe selbst gerne in hellen, auffälligen Anzügen mit Hut, Gehstock und Gamaschen in Szene setzte. Die Generation literarischer Journalisten nach ihm verschob ihr Augenmerk eher in Richtung sozialer Statussymbole als materieller.

Statussymbole legen die Charaktereigenschaften und Schwächen der Figuren offen. Schauspiellehrerin Susan Batson hat ein System entwickelt, mit dem sie ihre Schützlinge (darunter Nicole Kidman und Juliette Binoche) tief in sich gehen lässt, um dadurch die verschiedenen Schichten der Figuren zu ergründen, die sie spielen. Das Resultat sind äußerst greifbare, dreidimensionale Figuren. Batson unterscheidet zwischen drei Ebenen eines Menschen. Die „Public Persona" ist unser Image, das wir von uns für unser Umfeld projizieren. So wollen wir von unserem Umfeld wahrgenommen werden. Eine Person kann ihre Public Persona je nach sozialem Umfeld verändern. Das entspricht auch in etwa Luigi Pirandellos Konzept der Maske des Menschen, mit der wir unseren Need verschleiern, und die so gar nicht mit unserem inneren Selbstbild zusammenstimmen muss (ein Beispiel dazu finden Sie im Unterkapitel „Konflikt"). Susan Batson ist sich dieses Konzeptes bewusst und animiert daher ihre Teilnehmer, nach dem inneren „Need", also nach ihrem menschlichen Grundbedürfnis zu forschen. Auch wenn Batson damit in erster Linie meint, dass die Schauspieler ihre fiktiven Figuren damit ergründen sollen, räumt sie ein, dass die Übung, sich damit zu beschäftigen, für jeden Menschen sinnvoll sein kann.

Die meisten Menschen maskieren aus Angst ihre Needs. Wer weiß, welcher Need hinter wissenschaftlichem Fehlverhalten steckt? Es könnten viele Phänomene sein, wie beispielsweise (nicht-pathologischer) Narzissmus. Geltungssucht, Egomanie, Geldgier oder das Bedürfnis, den eigenen Status zu festigen oder auszubauen. Ich bin überzeugt, dass sich viele dieser Phänomene mit einem tiefen Grundbedürfnis nach Liebe erklären lassen, *dem* einen großen Need, der uns alle vereint. Bleibt dieser Need unerfüllt, kommt er als entarteter Ausdruck nach oberflächlicher Zuneigung zum Vorschein, beispielsweise in Form von Workaholismus oder Promiskuitivität. Dass das fürs Seelenheil nicht hilfreich kann, liegt auf der Hand. Batson führt hier die dritte Ebene der Figuren an, den „Tragic Flaw", der sich als selbstzerstörerisches Verhalten zeigt. Batson nimmt sich selbst als Beispiel. Ihr Need war die Liebe ihrer Mutter. Die konnte als aktive Bürgerrechtsanwältin den Need ihrer Tochter aber nicht erfüllen. Susan Batson fand heraus, dass sie als bemutternde Schauspiellehrerin diesen Need zumindest beruhigen konnte. Das ist ihre Public Persona. Klappt das nicht, kommt ihr Tragic Flaw zum Vorschein. Dann zieht Batson sich in sich selbst zurück, was ihr noch mehr schadet, weil dann ihr Need erst recht nicht erfüllt wird. Diese drei Komponenten bei sich selbst herauszufinden, ist schwierig genug. Sie bei anderen Menschen zu erahnen oder gar zu verlangen, dass diese Menschen sich überhaupt so tief mit ihrem eigenen Wesen beschäftigt haben, scheint nahezu unmöglich. Der Aufwand macht sich dennoch bezahlt; besonders in der Wissenschaft lassen sich damit gerade wissenschaftliches Fehlverhalten, sexuelle Belästigung und toxische Laborkultur zumindest im Nachhinein bis zu einem gewissen Grad erklären. Diese metawissenschaftlichen Geschichten sind im Wissenschaftsjournalismus ohnehin unterrepräsentiert, obwohl sie sich für Geschichten besonders eignen, weil ihnen Konflikt und Veränderung innewohnt, womit wir uns in den nächsten beiden Unterkapiteln beschäftigen.

2.2 Veränderung

Ich bin immer wieder überrascht, wenn ich auf Menschen treffe, die sich vor Veränderung scheuen. Neulich hatte ich ein Gespräch mit einer Biologin, nachts und in winterlicher Kälte. Sie war überzeugt: In ihrem Leben und in ihrer Sozialkonstellation würde sich in Zukunft nichts mehr maßgeblich verändern. Ich war überrascht. Es klang geradezu absurd, dies gerade von einer Biologin zu hören, die ja an Evolution und Veränderung glauben müsste. Wir beendeten die Diskussion verschiedener Meinung. Mein Punkt: Alles ist in Bewegung, jederzeit. Man kann Situationen aktiv verändern, oder sie verändern sich von alleine und außerhalb des eigenen Einflussbereiches. In jedem Fall sind alle Zustände und Situationen zeitlich begrenzt und flüchtig. Die Biologin sah das nicht so und glaubte auch nicht daran, dass andere Faktoren (im Fall von Sozialkonstrukten: Menschen), Veränderungen bewirken könnten – was mich verblüffte. Denn in der Wissenschaft verhält es sich eigentlich genauso.

Forschungsvorhaben werden nicht begonnen, um den Status quo zu erhalten sondern um ihn zu verändern und einen erweiterten Wissensstand zu erlangen. Das ist Veränderung. Im Prinzip deckt sich diese Weltanschauung mit dem buddhistischen Daseinsmerkmal „Anicca", und sie hängt auch mit dem Eitelkeitskonzept „Vanitas" zusammen, also der Ablehnung des Vergänglichen (das ja wiederum Veränderung darstellt). Veränderung ist der Stoff, aus dem das Leben gemacht ist, und Veränderung ist auch der Stoff, den wir unbewusst als elementaren Bestandteil von Geschichten benötigen.

Gute Geschichten sind also eine einzige Ansammlung von Veränderungen. Der einfachste Weg, dies zu überprüfen, ist, den Protagonisten am Anfang einer Geschichte zu betrachten – und am Ende der Geschichte. Hat er eine Einsicht erlangt, neues Wissen erarbeitet, kehrt er zu seinem Status quo als veränderter Mensch zurück? Falls ja, ist es eine Geschichte. Geschichten um wissenschaftliches Fehlverhalten sind hierfür natürlich Musterbeispiele. Julia Merlots *SPIEGEL*-Geschichte über den Hirnforscher Nikos Logothetis beispielsweise enthält eine Menge Veränderungen – obwohl sie sehr kurz ist. Tierversuchsgegner hatten sich in Nikothetis' Labor in Deutschland eingeschleust und Aufnahmen von Affenversuchen veröffentlicht, die ihn daraufhin in Verruf gebracht hatten. Nikothetis' Karriere beginnt als renommierter Hirnforscher in Deutschland, der jetzt nach China übersiedeln wird, um seine Karriere dort fortzusetzen, weil er auch nach Einstellung des Verfahrens seinen Ruf nicht wiederhergestellt sieht. Er leidet eigenen Angaben zufolge an Schlafstörungen und Depressionen (Merlot 2020). Das ist eine Menge Veränderung im Leben des Protagonisten. Der Punkt hierbei ist: Geschichten, in denen sich sowohl im Laufe des Figurenbogens als auch des Erzählbogens nichts verändert, sind keine. Das gilt beispielsweise auch für Musik.

Rhythmus- und Dynamikwechsel sind essentiell, um Musikstücke attraktiv zu gestalten. Ansonsten empfinden wir sie als monoton. Nicht umsonst spiegeln sich Rhythmuswechsel auch im Schreiben wider (dazu mehr im letzten Kapitel).

2.3   Konflikt

Konflikt entsteht in der Regel über Figuren. Dabei unterscheidet die Belletristik zwischen internem und externem Konflikt. Die beiden hängen in der Regel strikt zusammen. Interner Konflikt manifestiert sich häufig in externem Konflikt und umgekehrt. Wir lernen in Momenten des Konflikts. Mit Figuren in Geschichten verhält es sich nicht anders. Konfrontiert man eine Figur mit Konflikt, zeigt sich, aus welchem Holz sie geschnitzt ist. Als Journalist mache ich das regelmäßig bei Interviews und bei besonders personenbezogenen Artikeln wie Porträts.

Konflikte zeigen das wahre Gesicht der Figuren, das gilt in fiktiven Geschichten genauso wie im echten Leben. Wie aber entstehen Konflikte? In der Regel wieder aus den Figuren selbst. Wenn zwei Figuren aufeinandertreffen und jede für sich ein klares Ziel verfolgt, und wenn diese Ziele im Widerspruch zueinanderstehen, dann ist Konflikt vorprogrammiert. Wenn die Ziele gegensätzlich sind, also das Ziel der einen Figur die andere vom Erreichen ihres Ziels abhält, entsteht Konflikt. Ein Beispiel: Im letzten Jahr musste ich nach zahlreichen Workshops den letzten meiner Workshops absagen, weil ich krank war. Mein Ziel war in jenem Moment ganz klar der Erhalt meiner Gesundheit. Ich teilte es einem der Organisatoren mit und erwartete eine verständnisvolle Reaktion; auch, weil der Betreffende sich gerne als Philanthrop präsentiert. Meine Erwartung wurde aber enttäuscht, denn er reagierte pampig, beleidigt und hochnäsig. Sein Ziel war offenbar, so viele Workshops wie möglich zu organisieren, und mein Ausfall machte ihm dabei einen Strich durch die Rechnung. Wie genau das jetzt mit seinem inneren Need (nach Batson) zusammenhängt, darüber kann ich nur mutmaßen. Für mich war der Erkenntnisgewinn enorm, weil ich gerade von ihm Verständnis für die *Conditio Humana* erwartet hatte. Seitdem gehen wir getrennte Wege, weil diese Diskrepanz nicht in mein Wertesystem passt. Der ganze Vorfall ist moralisch weder gut noch schlecht, es ist einfach der Normalzustand des menschlichen Daseins: Verschiedene Charaktere verfolgen unterschiedliche Ziele. Passen diese zueinander, kommt es zu Koalitionen privater und beruflicher Natur. Falls nicht, kommt es schlimmstenfalls zu Feindschaften.

Konflikte sind natürliche Lernmomente mit einem sehr hohen Potenzial an Einsicht und Erkenntnisgewinn Außerdem sind solche Diskrepanzen zwischen Erwartung und Gegenreaktion ein Zeichen guter Szenen, wie Drehbuchlehrer Robert McKee immer wieder betont. In meinem kleinen Fallbeispiel steckt bereits eine Menge Geschichtskraft: Ein Beginn, ein einschneidender Moment (die Krankheit als erregendes Moment), Figuren mit klaren Zielen und einem daraus resultierendem Konflikt (der Mittelteil der Geschichte), Erkenntnisgewinn und einem Ende, an dem sich der Status quo (Workshops für betreffenden Organisator halten) verändert hat (keine Workshops für ihn halten). Konflikt und Veränderung liegen also sehr nahe beieinander.

2.4   Dialoge

Wenn es stimmt, dass Dialoge die grundlegendste Form von Geschichten sind
und eine Verkörperung der Hegelschen Dialektik, dann ergibt es Sinn, Dialoge als
Mini-Geschichten innerhalb von Geschichten zu betrachten. Journalistische Dar-
stellungsformen wie das Interview zeigen, wie populär bereits einfache Dialoge
zwischen Journalist und Interviewer sind. Dialoge sind ein natürlicher Weg,
Wissen zu erwerben. Genau wie bei Zitaten gilt es, bei Dialogen eine Auswahl zu
treffen. Dröge Passagen, die den Wissensstand der Figuren oder der Leser nicht
erweitern oder die Geschichte nicht vorantreiben, haben weder als Zitat noch als
Dialogfragment etwas im Text zu suchen. In meiner Erfahrung als Wissenschaftsjournalist ist es oft so, dass Wissenschaftler bestätigen, was schon im Text steht.
Falls dem so ist, muss ich als Autor eine Entscheidung treffen: Entweder Sie
streichen die beschreibende Passage und lassen dafür den Dialog im Text oder
umgekehrt. Wiederholungen (im Sinne wiederholter Ideen, nicht Wörter) lang-
weilen die Leser. Die GEO-Redakteurin Vivian Pasquet hat Dialoge in ihrem
preisgekrönten Stück „Impfen! (Oder etwa nicht?" (in Geo 3/2019) eingesetzt,
um das Gespräch zwischen Eltern und einem Kinderarzt bei einer Impfberatung
darzustellen.

Dialoge erwecken Texte zum Leben. Sie sind einer der Eckpfeiler von Drehbü-
chern, Bühnenstücken und natürlich Belletristik. Wissenschaftsjournalisten wie
Mary Roach setzen sie in ihren Sachbüchern ein, um komplexe Sachverhalte
zu vermitteln. Besonders gut wird Dialog, wenn er Subtext einsetzt, beispielsweise unter Zuhilfenahme von Ironie oder Sarkasmus. Dialoge aus einem auf-
gezeichneten Interview auswählen ist nicht immer einfach. Dafür ist viel zu viel
Material vorhanden. Wenn Sie aber vorher eine These aufstellen, haben Sie einen
roten Faden, mit dessen Hilfe Sie leichter Texte auswählen können.

2.5   These

Die These eines Textes ist die Antwort auf die Frage: Worum geht es in dem
Text? Die Antwort darauf ist allzu häufig das Thema des Textes. Die beiden
Wörter klingen ähnlich, und im Englischen ist die Verwechslungsgefahr noch
größer, weil da der bevorzugte Ausdruck „theme" ist. Eine Kolumne in *Spektrum
der Wissenschaft* verdeutlicht das (Rahmstorf 2019). Der Titel von Klimaforscher Stefan Rahmstorfs Text lautet „Retten Bäume den Wald?" und lässt die

Antwort darauf offen. Bei der Frage, worum es in Rahmstorfs Text geht, würden die meisten Menschen mit „Klimawandel" antworten. Oder „Aufforstung". Das sind allerdings nur Themen. Sie enthalten kein Momentum. Vom Gesprächspartner käme in den meisten Fällen Schulterzucken, Stirnrunzeln und die Gegenfrage: „Na und?" Die Reaktion ist berechtigt. Die These eines Textes sollte diese Fragen beantworten: Was will mir der Autor sagen? Was sollte ich behalten? Was ist die Moral der Geschichte? Beim Schreiben ist das nicht immer gleich ersichtlich. Manche Autoren legen sich zuerst eine These zurecht, manche finden sie erst während des Schreibens. Beide Ansätze sind legitim. **Wichtig ist, dass Sie irgendwann im Laufe des Schreibens eine These formulieren.** Der Journalist und Schriftsteller Lajos Egri formulierte Thesen meist als einen Veränderungsprozess. Für Shakespeares Romeo und Julia etwa nannte er „Die Liebe besiegt den Tod" als Leitidee in seinem Werk „Dramatisches Schreiben". Die meisten seiner Beispiele lassen sich als „A führt zu B" formulieren. Laut Egri muss an guten Thesen auch eine Meinung kleben. Ist das nun etwas Gutes, wenn A zu B führt? Das sollte durchklingen. Und genau in diesen beiden Punkten beißt sich oft die literarische These mit der Wissenschaft. Erstens lehnen sich viele Wissenschaftler nicht gerne aus dem Fenster und beziehen einen klaren Standpunkt, sondern verstehen sich eher in der Rolle neutraler Wissensvermittler. Nur: Neutralität gibt es nicht, auch nicht in der Wissenschaft. Wissenschaftler sind nicht darauf trainiert, Meinungen kundzutun. Was sollen die Leser mit scheinbar ausgeglichenen Informationen, mit einem Für und Wider machen? Nichts. Zweitens, Thesen implizieren Kausalität, und davor schrecken viele Wissenschaftler zurück. Nur: Im Schreiben und Vermitteln von Informationen ist diese narrative Kausalität von wissenschaftlicher zu unterscheiden. Ein Text ohne These oder Leitidee ist in jedem Fall ein Text, der nicht existieren sollte (mit Ausnahme von kreativen Schreibübungen, wie Freewriting). Texte ohne Leitidee beantworten keine Fragen und mäandern so weit, dass sie die Leser mit mehr Fragezeichen als Antworten zurücklassen. Wenn Sie eine These schon von Anfang an finden können, verwenden Sie sie zur Auswahl.

Beim Redigieren eines Textes ist die These ein wertvolles Werkzeug, um ihn auf seine Kohärenz zu überprüfen: Was nicht zur These passt, fliegt raus. Das mag nach Färbung klingen, aber eine Informationsauswahl findet überall statt, auch in wissenschaftlichen Abhandlungen. Das ist sogar notwendig und eine These dieses Buches: Auswahl führt zu besseren Texten. Besonders deutlich sind Thesen in Essays und Kolumnen formuliert. Klimaforscher Rahmstorf deutet seine These bereits im Vorspann an („Bäume allein reichen nicht"), und er formuliert sie im letzten Absatz seiner Kolumne voll aus: Nur ein rasches Ende der fossilen Energienutzung wird die CO_2-Emissionen nachhaltig stoppen können.

Thesen derart formulieren zu lernen hat auch in der Wissenschaft Sinn. Wer
in kurzer Zeit die Sinnhaftigkeit seiner Forschung auf den Punkt bringen kann,
schreibt bessere Forschungsanträge, bessere Fachartikel und überzeugt bei
Präsentationen. Ist die These einmal formuliert, lässt sich daraus relativ aufwandslos eine Struktur mit den wichtigsten Eckpunkten ableiten.

2.6   Erzählperspektive

Keine Angst, dies wird keine narratologische Abhandlung über Erzählperspektiven. Die Perspektive, aus der eine Geschichte erzählt wird, ist maßgeblich dafür,
wie sehr sich das Publikum in die Geschichte ziehen lässt und wie sehr es sich
mit dem Protagonisten identifiziert. Deshalb will ich sie hier kurz ansprechen.
Woran Wissenschaft krankt, ist der akademische Schreibstil. In wissenschaftlichen Manuskripten geht es in der Regel darum, den Eindruck zu erwecken, dass
niemand so wirklich der Täter war. Wissenschaftler werden dazu angehalten, ein
klares „ich" in „wir" umzuwandeln; auch wenn bekannt ist, wer etwas getan hat,
gilt der Passiv in der Wissenschaft immer noch als Ausdrucksmittel der Wahl.
Nicht umsonst heißt der Passiv auch „Leideform". Die Wissenschaft macht sich
damit selbst keinen Gefallen. Sie verletzt die Klarheitsregel guten Schreibens und
drückt sich unnötig unverständlich aus.

Wie gut Leser eine Geschichte verstehen, hängt auch stark von der Perspektive ab, aus der Sie sie erzählen. In der auktorialen Erzählperspektive weiß
der Erzähler alles und schwebt wie ein Hubschrauber über den Ereignissen und
Figuren, ohne, dass die darüber Bescheid wissen müssten. Der personale Erzähler
hat einen weniger Gott-artigen Status. Er weiß nur das, was er aus der Perspektive
aus einer (selten: mehrerer) Figuren erfahren kann. Sein Kenntnisstand ist also
beschränkt. Er beschreibt Figuren, wie der auktoriale Erzähler, meistens aus
der dritten Person. Dann gibt es noch Erzählungen aus der Ich-Perspektive, die
die stärkste Identifikation der Leser mit dem Erzähler aufbauen. Ein neutraler
Erzähler schließlich hat den meisten Abstand zu Geschichte und Figuren. Er
kommentiert nicht, und er wertet nicht. Bei jeder Geschichte sollten Sie daher
eine Wahl treffen und (zumindest zu Beginn) auch dabeibleiben. Dabei wird ein
wichtiges Storytelling-Prinzip sichtbar: Auswahl. Sebastian Junger etwa wählt die
Ich-Perspektive für seinen Text über posttraumatische Belastungsstörungen und

bringt damit die Leser ganz nah an seine Geschichte heran. Genauso maßgeblich ist auch Struktur. Hier müssen Sie genauso frühzeitig eine Auswahl treffen und dabei achtgeben, alle Fakten und Ereignisse in der richtigen Reihenfolge miteinander zu verknüpfen, damit der Text logisch „fließt".

Struktur

Struktur ist zwar ebenfalls ein Story-Element, aber so komplex, dass sie ein eigenes Kapitel verdient. Geschichten sind nicht zufällig aufgebaut. Viele gute Autoren umreißen ihre Geschichten zuerst und verleihen ihnen Struktur, bevor sie beginnen zu schreiben. Dazu zählt unter anderem der US-amerikanische Bestsellerautor James Patterson. Eine Struktur ist noch keine Geschichte, aber sie ist ein Bauplan. Aristoteles hat in seinem Werk „Poetik" Abschnitte von Geschichten in Anfang, Mittelteil und Ende eingeteilt. Das klingt sinnvoll, ist aber wenig hilfreich, wenn Sie eine Geschichte von Null auf aufbauen wollen. Aristoteles' drei Teile wurden übrigens vom Drehbuchlehrer Syd Field übernommen und in die drei Akte des Drehbuchschreibens gefasst. Und genau beim Drehbuchschreiben verschmelzen die Paradigmen: Für Tom Wolfe, den Narrativjournalisten mit den Statussymbolen, waren Szenen einer der wesentlichen Bausteine des literarischen Journalismus. In Hollywood ist das natürlich genauso.

Struktur ist das Auswählen und Verknüpfen von Szenen (ich habe Szenen bis zu dieser Stelle Ereignisse genannt) in eine Narrative. Nicht alle Elemente müssen dabei kausal miteinander verknüpft sein. Das verdeutlicht das berühmte Beispiel des Autors E.M. Forster.

- „Der König stirbt, und dann stirbt die Königin" nennt er eine „Story", eine Sequenz von Ereignissen ohne notwendigen kausalen Zusammenhang.
- „Der König stirbt, und dann stirbt die Königin aus Gram" verleiht der Story einen kausalen Zusammenhang. Für Forster wird daraus ein „Plot".

In der Realität laufen die Ereignisse zeitlich nacheinander ab. Als Geschichtenerzähler bestimmen aber Sie, in welcher Reihenfolge Sie dem Publikum

Informationen geben- und welche Sie ihm erst einmal vorenthalten. Das baut unter anderem Spannung auf. Und Spannung führt bekanntermaßen zu Empathie mit den Figuren, wie Neuroökonom Paul Zak bemerkte. Der Sankt Petersburger Folklorist Wladimir Propp hat, ähnlich wie Joseph Campbell, Volksmärchen und mythische Geschichten auf gemeinsame, wiederkehrende Muster untersucht und daraus eine Liste von 31 Funktionen erstellt. Propp hat aber auch eine Unterscheidung der Ereigniskette erkannt, die eigentlich auf der Hand liegt, die man sich aber selten bewusst ins Gedächtnis ruft.

Die „Fabel" ist der tatsächliche Ablauf der Ereignisse, so wie sie im echten Leben stattfindet. Das „Sujet" dagegen ist die willkürliche Anordnung der Ereignisse, so wie sie der Autor seinem Publikum zeigen möchte. Prominentestes Beispiel dafür ist der Film „Memento", in dem das Sujet so angeordnet ist, dass die Ereignisse chronologisch fast genau umgekehrt zum eigentlichen Ablauf der Ereignisse (Fabel) ablaufen. Der Dramaturg Gustav Freytag veröffentlichte bereits 1863, also vor Propp und Campbell, den Bauplan einer Struktur in fünf Schritten. Freytag zeichnete den Aufbau des Regeldramas als Pyramide; die folgende Liste spiegelt diese Reihenfolge wider (ich kommentiere nur den ersten Akt, die anderen vier sind de facto selbsterklärend):

- **Exposition:** Vorstellung der Figuren. Man kennt diesen Moment aus Filmen. Elegant gemacht, passiert Exposition „en passant", ohne dass die Zuschauer es merken. Was prima funktioniert: Die Figuren mit Konflikten konfrontieren und zeigen, wie sie darauf reagieren. Die Netflix-Serie „Stranger Things" führt so in der ersten Episode der ersten Staffel die vier wichtigsten Figuren ein. Probleme werden in diesem Akt nur angedeutet.
- **Steigende Handlung mit** erregendem Moment
- **Höhepunkt und Peripetie**
- **Fallende Handlung mit retardierendem Moment**
- **Katastrophe**

Am Telefon sitzt mittlerweile wieder Jack Hart und erzählt mir über eine knackende Festnetzleitung aus Oregon, dass er gerade von einem zweiten Hundespaziergang in einem Schneesturm zur Tür hereingekommen ist und sich einen Bourbon eingießt, bevor er mir mehr über Spannungsbögen verrät. Hart zeichnet den Spannungsbogen wie eine nach rechts verschobene Normalverteilung in ein Koordinatensystem ein. Darauf verzeichnet er die Ereignisse, die sogenannten Wendepunkte („Turning Points").

Wendepunkte verändern Ablauf und Richtung der Geschichte, wie beispielsweise die Peripetie in Freytags Pyramide. Sie überraschen das Publikum, weil sie nicht vorhersehbar sind. Grundsätzlich erzählt Hart seine Geschichten chronologisch, wendet aber häufig eine bestimmte Erzähltechnik an, um die Leser gleich am Anfang in die Geschichte zu ziehen. Hart beginnt die Geschichte nicht am eigentlichen Anfang, sondern auf der Höhe der Spannung (Krise). Er nennt dies eine „in medias res"-Eröffnung. Dann rollt er die Ereignisse per Rückblenden auf, springt also zum Anfang zurück und erzählt die Geschichte chronologisch so lange weiter, bis sie bei der Krise ankommt. Der Leser hat also von Anfang an keine Wahl, als weiterzulesen, um zu erfahren, wie der Moment, in dem alles auf der Kippe steht, ausgeht.

3.1   Gängige Strukturen

Um den Ausflug in die Strukturtheorie an dieser Stelle einzugrenzen: Die Filmbranche verwendet starre Strukturen, die grundsätzlich nach demselben Prinzip gestrickt sind. Es gibt einen ersten Akt mit Exposition, ein erregendes Moment, das die Handlung in Gang setzt, ein Problem, das dem Protagonisten ein Ziel aufdrückt, das er bis dahin noch nicht hatte, einen zweiten Akt, in dem der Protagonist in eine neue Welt eintritt (im Campbellschen Sinne) und die bekannte verlässt. Dort begegnet er Hindernissen und Prüfungen, die ihm neues Wissen verleihen, steht am Ende des zweiten Aktes vor einer Krise und muss dort eine Entscheidung treffen: Kehrt er um und gibt auf, oder stürzt er sich auf den Antagonisten? Dann folgt ein Moment der gefühlten Niederlage, aus dem er sich durch die Besinnung auf ein verborgenes Talent oder erworbenes Wissen wieder erholt und den Widersacher damit besiegt (Klimax). Danach kehrt er in die bekannte Welt zurück. Dies zumindest beschreibt grob die klassische Komödie. In der Tragödie werden Erfolg und Missgeschick des Protagonisten entsprechend verdreht: Aus dem Triumph über den Widersacher wird eine Niederlage.

Lässt sich Wissenschaft in eine Erzählstruktur gießen? Na klar. Aber nicht mit Gewalt. Es geht nicht darum, Storyelemente zu erfinden, wo keine sind. Es ist auch nicht notwendig, alle Elemente zu finden und eine komplette Erzählung aufzubauen. Gerade in der Wissenschaft reicht es oft, komplexe Sachverhalte und trockenes Material an einem menschlichen Beispiel zu illustrieren, damit die

Leser einen langen Exkurs in wissenschaftliche Erklärungen verzeihen. Dazu gibt es zwei erprobte Methoden:

- Den Zeitschriften-Ansatz: Zeitschriftentexte beginnen häufig mit einem „Human Touch". Genau wie in Jack Harts Erzählschema ist dies ein Moment der Spannung, der zugleich deskriptiv genug ist, um vor dem inneren Auge der Leser eine Szene zu erzeugen und dabei Spannung aufzubauen. Der Autor stellt den Protagonist und dessen Problem vor. Dem Leser wird dabei klar, was auf dem Spiel steht. Solche greifbaren Passagen wechseln sich dann mit vergleichsweise abstrakten Passagen ab, in denen die Wissenschaft dahinter beleuchtet wird. Das sind die Erklärpassagen, die per se schnell trocken wirken. Den ersten solchen Übergang von greifbar zu abstrakt erkennt man meistens durch Verläufe wie „Das zeigt..." oder „Wie groß das Ausmaß ist...". Es findet also eine Überleitung zu einem Absatz, der den Lesern knapp erklärt, wieso das zugrunde liegende Problem wichtig ist und wieso es jetzt relevant ist (dieser Absatz wird im Englischen „Nut Graph" genannt). Winfried Göpfert nennt diese Technik „AB-Technik" („A" steht für „Allgemein" und „B" für „Besonders"). US-amerikanische Wissenschaftsautoren wie Emily Sohn nennen diese Technik auch Schichtkuchentechnik („layer cake"). Der Wechsel vom Konkreten ins Allgemeine wird im Englischen als Erzähltechnik „Zooming" genannt. Solche Texte bieten in der Regel die Auflösung zum Anfangsproblem erst in der letzten Passage, um die Leser zu animieren, bis zum Ende durchzuhalten. Falls eine nahezu vollständige Liste von Storyelementen zu finden ist, bietet sich dieser Ansatz besonders an.
- Der Buchstützen-Ansatz: Die erste und letzte Passage sind im Prinzip wie bei Zeitschriftentexten aufgebaut. Im Gegensatz dazu finden sich außer der einen Szene, die ein größeres Problem beleuchtet, ausschließlich Erzählpassagen. Der Übergang zum „Nut Graph" ist auch hier vorhanden, allerdings bleiben die Autoren für den Rest der Geschichte im Erklärmodus. Wenn der Anfang richtig aufgebaut ist, also ein Problem nur anschneidet, es aber nicht vollständig auflöst, halten die Leser auch bei dieser Technik längere Erklärpassagen durch, um am Ende zur Auflösung zu gelangen. Die Funktionsweise ist dieselbe wie bei einem „Cliffhanger". Folgt die Auflösung am Ende aber nicht, bleibt der Text unbefriedigend. Jede Geschichte braucht ein Ende, egal ob sie für den Protagonisten gut oder schlecht ausgeht.

Wie passt das alles in Campbells Struktur? Genau wie Olson (2015) argumentiert die Doktorandin Sara ElShafie, dass wissenschaftliche Publikationen schon alle notwendigen Story-Elemente enthalten, allerdings in anderer Reihenfolge als beispielsweise Campbells Geschichtenstruktur. Sie vergleicht die IMRAD-Strukturen der Wissenschaft folgendermaßen mit Freytags Pyramide (ElShafie 2018):

- Einleitung → Exposition
- Methodologie → Steigende Handlung
- Resultate → Höhepunkt
- Analyse → Fallende Handlung
- Diskussion und Schlussfolgerungen → Denouement

Diese Elemente sind zwar alle präsent, aber in der falschen Reihenfolge, also nicht so, wie sie tatsächlich stattgefunden haben („Fabula"). ElShafie definiert für sich die folgenden Elemente, die eine Mischung aus Geschichtenelementen und Struktur sind, als essentiell. Protagonist (mit nachvollziehbaren Schwächen wie etwa Befangenheit), erregendes Element, Hindernis (als Voraussetzung für Veränderung), Risiko (was steht auf dem Spiel, wenn der Protagonist sein Ziel verfehlt? In der Wissenschaft sind dies oft Karriere und Status), und die These (das Publikum sollte sich nicht fragen müssen: Na und?).

3.2 Meinungsbeiträge

Eine Struktur, die für wissenschaftliches Schreiben, aber auch für das Erzählen von Geschichten gut funktioniert, ist der Aufbau von Kolumnen und Essays. Sie funktioniert deshalb gut, weil sie sich an eine der Minimalformen des Storytellings hält: *Problem und Lösung*. Der Aufbau ist einfach und enthält alle wichtigen Story-Elemente.

Kolumnen beginnen oft mit einem aktuellen Aufmacher. Der *Guardian* etwa verlangt, dass Kolumnen-Vorschläge stets an tagesaktuelle Ereignisse gebunden sind. Dann stellt der Autor eine These auf. Die darf gerne in aller Klarheit formuliert sein. Daran scheitert es allerdings regelmäßig in der Wissenschaft, weil sich nicht alle Forscher gerne aus dem Fenster lehnen und klar Position beziehen. Linguistikprofessor Nick Enfield hat das in der freien Kolumne „Comment is Free" für den *Guardian* gemacht und eine klare These aufgestellt: Wissenschaft muss Geschichten erzählen (Enfield 2018). Den Einstieg bildet ein Streitgespräch zweier Wissenschaftler darüber, ob Storytelling in der Wissenschaft zulässig sei oder nicht. Die beiden habe ich für mein Buch „Science Journalism" interviewt (Angler 2017): Dabei stellte sich allerdings einiges als Missverständnis heraus. Der aktuelle Bezug stellt die Legitimation der Abhandlung für die Leser dar.

Der zweite Teil, die These, stellt den Standpunkt des Autors dar. Die These müssen Sie nun konkret untermauern, sonst bleibt der Text nur eine leere Behauptung ohne Substanz. Im Hauptteil der Kolumne kommt also eine logische Abfolge von Argumenten, die die Hauptthese unterstützen. Sie müssen jedes dieser Argumente wiederum mit wissenschaftlicher Literatur oder mit gültigen Gedankenexperimenten so untermauern, dass sie allgemeine Gültigkeit erlangen. Enfield bringt beispielsweise Unterthesen vor, wie jene, dass Menschen biologisch so gestrickt sind, dass sie nicht vollständig objektiv und emotionslos denken können. Er führt das an dieser Stelle eher oberflächlich aus (ohne Referenzen; ich hätte hier Daniel Golemans „Emotional Intelligence" zitiert). Enfield gelingt aber eine sehr schlüssige und elegante Überleitung, wenn er schreibt, dass auch scheinbar objektive Wissenschaftler immer noch ein emotionales Publikum haben. Es bliebe also nichts anderes übrig, als eine Judo-Technik anzuwenden.

Statt „Cognitive Bias" zu bekämpfen, sollten Forscher Story-Techniken anwenden, Fakten interpretieren und ihnen Sinn verleihen, denn Storytelling bedeutet nichts anderes. Das Schöne an Geschichten ist, wenn man, wie bei Nick Enfield, den Gedankengängen des Autors folgen kann. Er hat damit übrigens noch ein weiteres, wichtiges Element meinungsbasierter Texte gezeigt: Der Autor muss spätestens eine am Ende Lösung auf die Problemstellung liefern. Das muss nicht immer eine konkret umsetzbare Lösung sein. In manchen Fällen reicht ein Gedankenspiel oder eine hypothetische Lösung. Auf keinen Fall sollte eine gute Geschichte mit einer Wiederholung oder Zusammenfassung enden, was leider zu oft der Fall ist.

Die Dreierregel 4

Auch wenn es esoterisch klingen mag: An dieser Stelle muss ich ein kleines Intermezzo über die Zahl Drei einschieben. Sie spielt eine besondere Rolle im Geschichtenerzählen. Die wissenschaftlich nicht belegte Dreierregel im Schreiben besagt, dass wir besonders rezeptiv für Informationen sind, die wir in Dreiergruppen erfahren. Das gilt für Adjektive wie Beispielsätze. Ihren Ursprung hat die Regel schon bei Aristoteles und seiner dreigeteilten Struktur in der „Poetik". Hegels Dialektik besteht ebenfalls aus drei Teilen (These, Antithese und Synthese). Dantes „Göttliche Komödie" ist in drei Teile geteilt (Hölle, Läuterungsberg und Paradies), von denen jeder in 33 Bücher aufgeteilt ist. Suzanne Collins' „Hunger Games" ist eine Büchertrilogie mit jeweils neun Kapiteln. Viele Witze und Märchen bestehen aus drei Teilen (der dritte bildet meist die Pointe oder illustriert die These des Märchens), beispielsweise im Märchen „Die drei kleinen Schweinchen". Die These hier lautet: Faulheit führt zum Tod.

Zeitgenössische Werbemärchen verwenden die Dreierregel, um möglichst haftbare Informationen zu verteilen. Deshalb kommen in den Produktpräsentationen Adjektive wie „thinner, lighter, faster" gerne in Dreiergruppen vor. Als Steve Jobs 2007 das erste iPhone vorstellt, verpackt er es rhetorisch als Triptychon, das er nacheinander als Telefon, iPod und Internet-Navigator zeigt. Dann stellt er klar: Das neue iPhone ist die Dreieinigkeit aus allen drei Geräten. Aristoteles analysierte in seinem Werk „Poetik" die griechische Tragödie und fand dabei drei wichtige Momente:

Die Peripetie ist ein plötzlicher Handlungsumschwung – entweder von gut nach schlecht oder umgekehrt. Sie ist oft die Klimax der Geschichte, also der Höhepunkt, an dem sich entscheidet, ob der Protagonist as dramatische Problem

© Der/die Herausgeber bzw. der/die Autor(en), exklusiv lizenziert durch
Springer Fachmedien Wiesbaden GmbH, ein Teil von Springer Nature 2020
M. W. Angler, *Journalistische Praxis: Science Storytelling,* essentials,
https://doi.org/10.1007/978-3-658-29824-1_4

lösen kann oder nicht. Dies ein Moment, den auch Freytag später fand und in Akt 3 des Regeldramas platzierte. Aristoteles' zweite Element der Tragödie ist Anagnorisis, also der Wandel von Unwissen in Wissen, oder auch das Wiedererkennen von Personen. Dazu gehört Ödipus' Erkenntnis, dass er seinen Vater getötet und mit seiner Mutter geschlafen hat (Angler 2020). Das dritte Element ist Pathos, also schweres Leid, wie es Ödipus oder die trojanischen Frauen bei Euripides widerfährt (Rees 1972).

Tripel finden sich auch häufig auf den Titelseiten von Zeitschriften und Büchern. *ZEIT Wissen* titelte „Soll ich mich einmischen? Privatleben, Beruf Gesellschaft: …" auf dem Cover der Juli-August-Ausgabe 2017. Wie passt die Dreierregel aber in die Wissenschaft? Ziemlich gut: Wissenschaftler stellen eine These auf („ein Effekt liegt vor"), versuchen aber nicht, diese zu beweisen. Stattdessen stellen sie die dazugehörige Gegenhypothese auf (Nullhypothese, „es liegt kein Effekt vor") und versuchen, diese zu beweisen. Ist die Nullhypothese nicht beweisbar, stimmt die These. Der aktuelle Kenntnisstand und die nun gefüllte Wissenslücke verschmelzen zu einem neuen Status quo und bilden so die Synthese. In den folgenden Kapiteln über Strukturtechniken aus der Unterhaltungsbranche finden Sie Beispiele, die sich die sich an derselben Zahl orientieren.

Story-Formeln aus dem TV 5

Es ist Mitte der Neunziger. Der Meeresbiologe Randy Olson ist ein Jahr jünger als ich jetzt, und er hat schon alles an Statussymbolen erreicht, was sich ein Akademiker wünschen kann: Er hat ein Biologie-Doktorat an der Ivy League-Uni Harvard 1984 abgeschlossen und wird acht Jahre später an der University of New Hampshire zum ordentlichen Professor berufen. Damit ist er unkündbar und kann im Prinzip tun und lassen (solange legal), was er will. Was aber macht Olson? Er wirft die Sicherheit hin und zieht nach Kalifornien. Dort drückt er noch einmal die Schulbank und lernt, Drehbücher zu schreiben. Das läuft am Anfang nicht besonders gut, er wird sogar aus einer Vorlesung und vom Campus geworfen. Er dreht Dokumentarfilme über Klimawandel und feiert damit einige Erfolge. Olson schreibt Bücher darüber, dass Wissenschaftler schlechte Wissenskommunikatoren sind („Don't Be Such a Scientist"), wofür er teils heftige Kritik erntet. Olson betont aber immer wieder, dass wissenschaftliche Arbeiten ohnehin schon alle Story-Elemente beinhalten, nur eben in langweilige Schreibe verpackt und in starre Strukturen gesteckt. Olson hat im Laufe der Zeit eine Erkenntnis, die ausgerechnet aus der Cartoonserie „South Park" stammt. Deren Schöpfer, Trey Parker und Matt Stone haben eine einfache Formel für lahme Geschichten entwickelt: Alle Vorkommen von „und" durch „aber" und „deshalb" ersetzen. Ihr Argument ist, dass den „und-und-und"-Geschichten die narrative Kausalität fehlt.

Alle Aktionen einer Geschichte müssen eine Ursache und eine Wirkung haben. Ansonsten handelt es sich einfach nur um lose Aneinanderreihungen. Parker und Stone müssen es wissen. Sie produzieren jede Folge der erfolgreichen Serie innerhalb von sechs Tagen, von der Ideenfindung bis zur Ausstrahlung. Wenn sie dafür nicht ein System hätten, wäre das nicht möglich. Diese Kausalität

findet sich bereits in Lajos Egris Formel zum Finden von Thesen. Olson hat sie
bemerkt und fürs Geschichtenerzählen zweckentfremdet und umformuliert. Die
Formel nennt er „ABT" (Englisch für „and-but-therefore").

Die ABT-Formel ist dreigeteilt und spiegelt die Hegelsche Dialektik wider – und
eine Kurzform von Campbells Heldenreise zugleich. Ausformuliert sieht sie so aus
(Olson 2015):.

_____   **UND** _____   **ABER** _____   **DESHALB** _____

Die beiden Punkte vor und nach dem „und" zeigen zuerst den Status quo einer
Geschichte. In der Wissenschaft ist dies meistens der aktuelle Kenntnisstand.
Dann folgt ein Widerspruch, eingeleitet durch das „aber". In Dramen ist dies das
„erregende Moment" (siehe Freytag), das eine Reise startet. Im Prinzip beantwortet
dieser Teil das „warum" eines Forschungsvorhabens (und bringt damit die schon
genannte Ordnung in die Geschichte). Der Teil, der nach dem „deshalb" folgt,
bringt zusätzlich Kausalität für die folgende Aktion ins die Ereigniskette. Das
Publikum nimmt das Ende einer Geschichte wegen dieser unvermeidbar wahr.
Der Höhepunkt (Peripetie, Klimax) heißt deshalb oft auch die „obligatorische
Szene". Am Anfang einer Geschichte baut das erregende Moment die Spannung
auf und stellt im Kopf des Publikums die dramatische Frage. Diese Frage muss
am Ende der Geschichte beantwortet werden, ansonsten ist sie für das Publikum
unbefriedigend und unvollständig. Die ganze Abfolge wirkt durch diese kausale
Verkettung intrinsisch überzeugend. Das ist übrigens eines der Argumente, das
Wissenschaftler Storytelling-Techniken gegenüber skeptisch sein lässt. Das ist ein
Fehler. Erstens, weil vollständige Neutralität und Wahrheit nicht existiert, auch
nicht in der Wissenschaft. Zumindest nicht zeitunabhängig. Zweitens, Wissenschaft
lässt damit einen der ältesten Mechanismen aus, um Information zu vermitteln.

Menschen lernen mit Hilfe von Geschichten. Das war schon immer so. Die
Geschichten übers Geschichtenerzählen am Lagerfeuer scheinen zumindest teil-
weise wahr zu sein: Wie die Anthropologin Polly Wiessner (2014) in einer Studie
feststellt, verbrachten die Ju/'Hoan-Buschleute in Südafrika 81 % ihrer Zeit am
Lagerfeuer damit, Geschichten auszutauschen. Aus der Retrospektive und mit
dem Wissen, das wir heute über die Effekte von Geschichten haben, ergibt das
durchaus Sinn.

Sind Emotionen im Spiel, erinnern wir uns besser an Information. Ist der
Aufbau narrativ schlüssig (also kausal), überzeugt er. Vor tausenden Jahren

waren solche Geschichten notwendig, um unser aller Überleben zu sichern. Nicht, dass wir uns heute Geschichten über die Flucht vor Löwen anhören müssten. Aber findige Leute zweckentfremden Storytelling-Techniken, um falsche Informationen zu verbreiten. Deshalb muss Wissenschaft dieselben Story-Methoden einsetzen, um richtige Informationen zu verbreiten – und zwar so, dass sich das Publikum diese Informationen merkt.

Das Defizit-Modell der Wissenschaftskommunikation, das darauf setzt, das Publikum habe Wissenslücken, die man großzügigerweise zu füllen gedenke, ist nicht nur veraltet und falsch, sondern auch arrogant. Diese Art zu kommunizieren ist mit ein Grund, wieso der Allgemeinheit das Vertrauen fehlt und wieso sich das Elfenbeinturm-Klischee der Wissenschaft hartnäckig hält. Es ist auch mit ein Grund, wieso Wissenschaft oft als langweilig empfunden wird. Olson hat das erkannt und sich deshalb im Fundus der Unterhaltungstechniken bedient. In seinen Story-Workshops für Wissenschaftler lässt er die Teilnehmer Bilder beschreiben. Ohne die ABT-Methode brauchen sie in der Regel mehr als doppelt so lange. Und genau das ist der Punkt: Wer eine Geschichte umreißen will, kann dies in einem Satz, notfalls einfach mit der These, wie nach Lajos Egri beschrieben. „A führt zu B". Oder: „A impliziert B". Die ABT-Methode führt zu ein, zwei Sätzen, die genauso in wenigen Sekunden eine ganze Geschichte erzählen können. In Hollywood ist das bitter nötig, denn Produzenten nehmen sich keine Zeit für aufstrebende Drehbuchautoren. Im Wissenschaftsjournalismus ist das nicht anders. Als ich 2015 einen US-amerikanischen Redakteur über das Vorschlagen („Pitchen") von Geschichten interviewte, sagte er mir: „Wenn Du mir eine E-Mail schickst, bekommst Du genau eine Minute meiner Zeit. Wenn mir da der erste, spätestens zweite Satz nicht eine Geschichte erzählt, lösche ich Deine Nachricht".

Story-Kenntnisse benötigt man als Wissenschaftler in jedem Lebensbereich. Ob Sie Geldgeber überzeugen wollen, Forschungsanträge schreiben (was im Prinzip dasselbe ist), ob Sie eine Beförderung möchten, Ihr Paper gut positionieren und dessen Review vereinfachen wollen: Storytelling-Techniken sind universell anwendbar. So wie die ABT-Methode. Der Meeresbiologe Tullio Rossi wendet Olsons Technik auf wissenschaftliche Präsentationen an und unterscheidet dabei zwei Arten: Erstens, die „und-und-und"-Präsentation ist die Standardvariante, auf die Wissenschaftler traditionell zurückgreifen. „In unserem Forschungsprojekt haben wir das gemacht, und das auch, und noch etwas anderes". Diese Art der Präsentation ist sterbenslangweilig und wird in kürzester Zeit das Publikum vergraulen. Gibt man derselben Präsentation aber Struktur, und kommt dann, zweitens, zur kausal verbundenen ABT-Form, erklärt also warum man das Forschungsvorhaben angepackt hat und was die logische Konsequenz darauf ist, dann gibt man seiner Präsentation etwas, das die meisten Erklärungen in der Welt nicht haben: Sinn.

Bei meinen Storytelling- und Science Blogging-Workshops empfehle ich den Teilnehmern (Wissenschaftskommunikatoren und Wissenschaftler) übrigens, dasselbe Muster in allen wissenschaftlichen Bereichen anzuwenden. Die ABT-Technik können sie bestens in den Abstracts ihrer wissenschaftlichen Arbeiten verwenden. Das erhöht gleichzeitig die Wahrscheinlichkeit, dass ihre Arbeiten von Journalisten aufgegriffen werden. Oder, dass sie andere Wissenschaftler zitieren. Solange das wissenschaftliche Qualitätsmaß leider noch quantitativ ist (h-Index und Impact Factor sind nur zwei Beispiele dafür), ist das zumindest ein Vorteil in der Welt der Wissenschaft. Sind Geldgeber die Adressaten, ist es wichtig, dass Forschungsanträge so geschrieben werden, dass sie im Gedächtnis bleiben. Auch wenn einigermaßen objektive Prüfmechanismen zum Einsatz kommen.

Letztlich entscheiden Menschen darüber, wer einen Antrag gewinnt Dabei sind gute Geschichten ganz klar im Vorteil. Ich kann mich erinnern, dass ich jahrelang kaum Ausschreibungen für Stipendien gewonnen habe, obwohl ich ein solides Portfolio und alle guten Argumente dafür hatte. Das änderte sich, als ich die Motivationsschreiben nach der ABT-Technik verfasste. Allein 2019 habe ich mehr Stipendien gewonnen, als ich wahrnehmen konnte. Die Technik funktioniert. Tatsächlich hat sie schon Abraham Lincoln in seiner berühmten Gettysburg Address angewandt, lang bevor sie jemand ausformulierte. Martin Luther King benutzte sie. In der Wissenschaft verwendeten Crick und Watson die ABT-Technik in ihrem berühmten Forschungsaufsatz von 1953 über die DNA-Doppelhelix, schreibt Olson in seinem Storytellingbuch „Houston: We Have a Narrative". Dort beschreiben sie im Prinzip den Status quo (den bis dato gültigen Stand der DNA-Darstellung), ABER dieser Standard funktioniert nicht, DESHALB führen sie eine neue Erklärung und Darstellung ein. Wie so oft, ist es bei Storytelling schwierig, einen Urheber einer bestimmten Technik zu finden. Olson hat als möglichen Urheber der ABT-Technik noch vor Parker und Stone den früheren Direktor des Sundance-Festivals, Frank Daniel, ausfindig gemacht. Unabhängig von ihrer Herkunft unterscheidet Olson noch ein paar Varianten der ABT.

- **iABT:** Ein langer Satz, der alle notwendigen Informationen (daher das „i") enthält, um eine Wissensgeschichte vollständig zu vermitteln. Olson empfiehlt, diese Variante nicht bei öffentlichen Auftritten zu verwenden.
- **cABT:** Eine Variante der ABT-Technik, die sich mehr auf den Umgangston konzentriert („conversational", daher as „c") als auf den Inhalt. Olson

empfiehlt, Forschung damit so zu beschreiben: Zuerst haben wir ein Problem auf eine bestimmte Art betrachtet, weil aber X passiert ist, sehen wir es jetzt anders. Diese Variante macht Forschung auch für absolute Laien nachvollziehbar. Dazu ist es aber wichtig, zuerst zu verstehen, wer die Zielgruppe ist, um passende Beispiele auszuwählen.

- **kABT:** Diese Variante verschmilzt die Stile der iABT (reine Information) und der cABT (reine Story) und eliminiert idealerweise die Defizite jeder einzelnen Methode. Die iABT ist viel zu Jargon-lastig, und die cABT ist meistens zu einfach, um überhaupt Informationen zu vermitteln.

Alle ABT-Varianten sind eine weitere Illustration der Dreierregel und der Hegelschen Dialektik (die übrigens nicht von Hegel selbst stammt, sondern von Johann Gottlieb Fichte). Tatsächlich sind alle drei ABT-Varianten ein perfektes Beispiel für These, Antithese und Synthese. Und daraus lässt sich noch etwas formulieren. Wenn nackte, objektive Wissenschaft die These darstellt, dann ist Storytelling die Antithese dazu (besonders, weil sich Wissenschaftler oft gegen Storytelling-Techniken wehren). Wenn das stimmt, dann muss die Synthese der beiden lauten.

Wissenschaft und Storytelling vereinen sich und vermitteln gute, echte, wahre Geschichten Geschichten, in denen das Publikum gleichzeitig noch Informationen mit aufnimmt, ohne diese Informationsaufnahme bewusst wahrzunehmen. Das funktioniert im Prinzip wie bei jeder Art von Hollywood-Storytelling. Studien beschweren sich zwar über schwindende Aufmerksamkeitsspannen, aber wie oft passiert es, dass Menschen aus dem Kino aufstehen oder ein gutes Buch am Strand weglegen? Das passiert praktisch gar nicht, weil die Erzählkette dem Publikum keine Chance lässt, aus der Geschichte zu entkommen. Um diese Erzählkraft in einer Wissenschaftsgeschichte zu entdecken, empfiehlt Olson eine weitere Schablone, die Dobzhansky-Formel. Sie sieht folgendermaßen aus (Olson 2015):

"Nichts in _____ ergibt Sinn, außer man versteht _____."

Geschichten drehen sich um Veränderung. Olson argumentiert, wer eine Wissenschaftsdisziplin verstehen will, muss zuerst deren Veränderungsgeschichte verstehen. Er hat dafür mehrere Beispiele von Wissenschaftlern dazu zusammengetragen. Eines davon lautet so: Nichts in der Biologie ergibt Sinn, außer man versteht Evolution. Ein weiteres Beispiel: Nichts in der Geologie ergibt Sinn, außer man versteht Plattentektonik. *Die Dobzhansky-Formel hilft dabei, die Quintessenz einer Geschichte in einem Wort zusammenzufassen.* Olson hat die

Formel nach dem Evolutionsbiologen Theodosius Dobzhansky benannt und
angepasst. Kondensierter geht es nicht. Wenn Sie die Frage „Worum geht es in
der Geschichte?" in einem Wort zusammenfassen wollen und dabei nicht das oft
fälschlicherweise verwendete Thema oder die Wissenschaftsdisziplin heranziehen
wollen („Klimawandel" oder „Biologie"), dann ist die Dobzahnsky-Formel genau
richtig, weil sie Veränderung impliziert.

Wie gefragt Olsons Techniken sind, zeigt sich daran, dass er sie als Trainings
Wissenschaftseinrichtungen anbietet. Die Behörde *US National Park Service*
etwa verwendet die ABT-Formel, um der Öffentlichkeit zu vermitteln, wieso sie
bestimmte Projekte anpackt. Gleichzeitig sind solche Formeln ein wertvolles
Werkzeug, um die Arbeit einer Forschungsinstitution transparent zu machen.

Transparenz schafft Vertrauen, und das hat Wissenschaft bitter nötig, trotz
ihrer Popularität, oder vielleicht genau deshalb. Dazu würde auch das Offenlegen
von Schwächen gehören, aber das entspricht gerade nicht dem wissenschaftlichen Zeitgeist. Es gibt viele sinnvolle Wissenschaftsprojekte, und Förderer wie
die EU-Kommission verlangen ein gewisses Maß an Öffentlichkeitsarbeit. Da
werden Twitter-Kanäle aufgemacht, Webseiten gebaut und Facebook-Seiten aus
dem Boden gestampft. Nur: Das Handwerkszeug, um gute Geschichten zu bauen,
vermitteln sie nicht. Darum dümpeln die meisten dieser „Outreach"-Initiativen als
unidirektionale Informationen einfach vor sich hin. Das ist bedauernswert, denn
viele Forschungsprojekte haben von Natur aus einen klaren Erzählfaden. Diesen
roten Faden nicht mit Hilfe einer der Formeln in Erzählungen zu gießen, ist ver-
schenktes Potenzial. Deshalb sind Storytelling-Techniken wie jene von Randy
Olson fester Bestandteil meiner Workshops. Wenn Sie Animationsfilme mögen,
wird Sie das nächste Kapitel interessieren.

Story-Formeln aus Kino und Theater   6

Zurück zu Steve Jobs. Nachdem er Mitte der 1980er Jahre aus seiner Firma Apple geschasst wurde, kaufte er 1986 Pixar. Im selben Jahr produzierte das Animationsstudio seinen ersten, zweiminütigen Kurzfilm, „Die kleine Lampe". Der Film gewann einen Preis und wurde sogar für einen Oscar nominiert. Die Erfolgsserie setzte sich fort. Heute ist Pixar dafür bekannt, aufwendig Filme zu produzieren, und die Budgets dafür gehen weit in dreistellige US-Dollar-Millionenbeträge. Produktionen wie „Wall-E", „Cars" und „Toy Story" spülen die Kosten mit bis zu einer halben Milliarde Gewinn locker wieder in die Studiokassen. Wieso wird praktisch jeder Pixar-Film zum Erfolg? Auch wenn es sehr unkreativ klingt: Formeln.

Fast alle erfolgreichen Hollywood-Produktionen halten sich an Storyformeln, die von Drehbuchautoren im Laufe der Zeit entwickelt und formuliert wurden. Welchem Paradigma ein Autor dabei folgt, ist belanglos. Es handelt sich dabei stets um Strukturformeln, die als grobe Baupläne funktionieren. Drehbuchlehrer Blake Snyder zeigt in seinem Buch „Save the Cat" ein sehr formelhaftes Schema, das die 15 einschneidendsten Ereignisse eines Films zeigt. Snyder geht so weit, dass er jedem dieser Ereignisse eine fixe Seite im Drehbuchmanuskript zuweist, an der dann beispielsweise das erregende Moment passieren muss. Das hat ihm viel Kritik von Filmkritikern eingebracht. Der Vorwurf: Alle Hollywoodfilme werden nach und nach gleich. Drehbuchautor Christopher Vogler hat Campbells Heldenreise an die Hollywood-Maschinerie angepasst und in seinem Werk „The Writer's Journey" veröffentlicht. Vogler arbeitet als Geschichtenentwickler für große Hollywoodstudios, aktuell für *20th Century Fox*. Voglers Heldenreise hat zwölf Schritte, einmal für die Geschichte selbst, und einmal für die Figurenentwicklung. Was hat das alles mit Wissenschaftsgeschichten zu tun? Viel. Letztlich sind alle Formeln eine Abfolge von Ereignissen, die in einer Geschichte passieren müssen, damit das Publikum sie unbewusst als befriedigende Geschichte wahrnimmt. Ob das nun zwölf, 15 oder 22 (wie bei Drehbuchlehrer John Truby) sind, ist im Prinzip egal. Die Schritte sind unterschiedlich benannt und bedeuten doch immer dasselbe. Pixar hat für sich ein Strukturskelett entdeckt, das einfach, verständlich und hocheffektiv ist.

Das „Story Spine" ist eine wirkungsvolle Strukturvorlage, nach der das Studio seine Geschichten grob aufbaut, bevor die Geschichtenerzähler sie aufschreiben. Es besteht aus nur acht Schritten und beginnt wie ein Märchen (Adams 1991):

```
Es war einmal              _____

Jeden Tag                  _____

Bis eines Tages            _____

Deshalb                    _____

Deshalb                    _____

Deshalb                    _____

Bis schließlich            _____

Und seit dieser Zeit       _____
```

Dieses Grundgerüst stammt aber nicht von Pixar, auch wenn das oft so im Internet zu lesen ist. Kenn Adams, ein Theaterregisseur, Autor und Schauspiellehrer, hat dieses Gerüst zuerst gefunden (und zusammen mit einer befreundeten Kollegin benannt). Das Story Spine stammt also von ihm. Adams unterrichtet Improvisationstheater und verwendet diese Technik, um in jedem Schritt einen anderen Teilnehmer die Geschichte weiterplanen zu lassen. Daraus entsteht ein Grobgerüst, das noch überhaupt keine Feinheiten besitzt, aber den Kurs der Geschichte klar festlegt. Wenn Sie sich jetzt immer noch fragen, was Theater mit Wissenschaft zu tun hat, hier kommt die Auflösung. Im deutschsprachigen Raum tatsächlich noch wenig. In den USA dagegen gibt es einige Initiativen, die diese Technik dazu verwenden, um Wissenschafts-„Heldenreisen" zu beschreiben. Das Ganze funktioniert. Die kalifornische Doktoratsstudentin Sara ElShafie arbeitet mit Pixar-Künstlern, um deren Erzähltechniken (darunter das Story Spine) auf Wissenschaft anzuwenden. Ihr Argument: Diese Erzähltechniken helfen unter anderem dabei, zu vermitteln, wieso Wissenschaftler zu ihrem Forschungsfeld gekommen sind (ElShafie 2018). Sie hat Recht.

Wissenschaft entfernt sich damit von geheuchelter Objektivität und Neutralität und gibt sich selbst stattdessen ein authentisches Gesicht, mit allen Ecken und Kanten. Die Geschichte der Wissenschaftler wird damit persönlich und enthält oft bereits die drei Ebenen von Figuren nach Batson, die *Public Persona*, den *Need* und den *Tragic Flaw*. So wie ElShafie ihren eigenen Werdegang ausformuliert, werden die wichtigsten Geschichtenelemente sichtbar: Er enthält Struktur im Sinne logisch verbundener Wendepunkte (die wichtigsten Ereignisse; also die, die die Geschichte in eine neue Richtung katapultieren). Die Geschichte enthält eine Protagonistin (ElShafie) mit allen Unsicherheiten (die man wertfrei als nachvollziehbare Schwächen betrachten kann), Entscheidungen (die sie an den Wendepunkten getroffen hat; das erfüllt das Kriterium, dass Protagonisten aktiv handeln müssen) und ihrem inneren Bedürfnis, dem *Need*. ElShafie ist mit dem Anwenden dieser Technik nicht allein. Das Alan Alda Center for Communicating Science bringt Wissenschaftlern in Story-Workshops genau diese Technik bei. Die Initiative „Story Collider" bringt ebenfalls Wissenschaftler auf die Bühne. Ich habe letztes Jahr mit der Kreativdirektorin Erin Barker gesprochen, und sie hat mir erzählt, dass sie Adams' Story Spine zum Coachen der Wissenschaftler verwendet. Die treten dann, so vorbereitet, an verschiedenen Orten in den USA meistens als Zweiergespann auf und erzählen ihre Wissenschaft wie in einem Kabarett, mit Humor, Ironie und greifbaren Beschreibungen. Barker hat das Schema auch selbst dafür verwendet, um in einer Episode zwei Erkrankungen ihrer Vagina lebhaft als Geschichte darzustellen.

Das Story Spine spiegelt die Hegelsche Dialektik wider. Wissenschaft (trocken, unemotional) und Mensch (nachvollziehbar, emotional) gepaart ergeben informative Unterhaltung als Synthese. Deshalb zeige ich das Story Spine auch in meinen Science Storytelling-Workshops für Wissenschaftler. Ich ermutige die Forscher in den Workshops, ihre Lebensläufe nach dem Story Spine umzuschreiben, nur die wichtigsten „Erweckungsmomente" mit einzuschließen und ihrer Lebens- (und Forschungsgeschichte) Motivation zu geben. Die Arbeit ist hart, weil die Auswahl einschneidender Ereignisse den meisten schwer fällt. Anschließend tragen sie ihre Geschichten vor. In diesem Moment beobachte ich die anderen Teilnehmer aus den Augenwinkeln: Schauen sie auf ihre Smartphones, auf ihre Laptops? Versinken sie in Gedanken? In den allermeisten Fällen passiert das nicht. Im Gegenteil: Ich sehe gefesselte Zuschauer, die im Nachhinein problemlos die Geschichte nacherzählen können. Der Nutzen solcher Übungen ist also groß, denn was Wissenschaftler dabei lernen, ist im Prinzip wieder ein Dreigestirn:

- Ereignisse auswählen
- Ereignisse ordnen
- Ereignisse beschreiben

Ereignisse auszuwählen ist tatsächlich knüppelhart. Wir sind so verdrahtet, dass wir praktisch alles, was wir tun, als wichtig empfinden. Ausmisten (auch und besonders mentales Ausmisten) fällt den meisten Menschen deshalb schwer. Trotzdem ist es wichtig, weil sie ansonsten schnell ausufern und in Richtungen mäandern, die die These nur mehr marginal unterstützen oder demonstrieren. Dabei hilft es, wenn Sie ein paar simple Story-Richtlinien beachten:

1. Bringt ein Ereignis die Geschichte voran?
2. Enthüllt ein Ereignis neue Informationen für die Zuschauer oder Figuren?
3. Passt das Ereignis zur These?
4. Passiert überhaupt etwas Aktives in dem Ereignis?

Wenn Sie nicht mindestens eine der Fragen mit ja beantworten können, hat das Ereignis nichts in der Geschichte zu suchen. Spätestens an dieser Stelle werden Sie aufstöhnen, wenn Sie, lieber Leser, Wissenschaftler sind. Natürlich ist das selektiv, natürlich verzerrt das die Wahrheit. Aber auch nicht mehr, als das wissenschaftliche Arbeiten selbst schon machen. Denn auch dort ist der Raum für Ausführungen limitiert. Forscher müssen eine Auswahl der Informationen treffen, die sie vermitteln wollen. Das richtet sich nicht unbedingt nach dem Wahrheitsgehalt, und auch nicht nach dem Anspruch auf Vollständigkeit, sondern vielmehr nach der starren IMRAD-Struktur („Introduction, Methods, Results and Discussion", Olson 2015) und den Erwartungen der Verlagshäuser.

Auswahl ist in allen Lebensbereichen notwendig. Egal, was wir tun, wir gehen immer einen Trade-Off ein. Wir tauschen irgendetwas für etwas anderes ein. Ich schreibe diese Zeilen hier gerade in einer Samstagnacht. Dafür tausche ich Zeit mit Freunden ein. Um diese Zeit zu haben, habe ich Zeit mit meiner Beziehung eingetauscht, einer Wissenschaftlerin, der ich vor einer Woche den Laufpass gab. Wenn Sie diese Zeilen lesen, machen Sie dafür gerade irgendetwas anderes nicht. Alles ist ein Trade-Off! Immer. Beim Schreiben selbst verhält es sich genauso. Mehr als 95 Prozent des gesamten Recherchematerials kommt am Ende in die Tonne und schafft es, obwohl interessant, nicht in die Geschichte. Sinnvoll ist es trotzdem, weil es mir dabei hilft, die These zu finden und präzise zu formulieren. Genau genommen kann Geschichtenerzählen auf eine einzige, einfache Technik zurückgeführt werden. Ich werde nicht müde, sie in meinen Workshops zu wiederholen:

▶   „Select & Reject"

Auswahl und Zurückweisung (all dessen, das nicht strikt zur Geschichte passt) ist ein notwendiges Prinzip, das uns als Geschichtenerzähler den notwendigen Fokus auf eine Angelegenheit lenken lässt. Das ist die Art von Aufmerksamkeit, die der Psychologe und Wissenschaftsjournalist Daniel Goleman als „Top-Down-Wiring" bezeichnet, also das kontrollierte Lenken der Aufmerksamkeit, das wir vom Neocortex aus steuern können. Wir entscheiden. Im Gegensatz dazu existiert auch der Paläo- und Archicortex: Wenn beispielsweise Angst unsere Aufmerksamkeit bestimmt, können wir dagegen nur wenig bewusst tun (Goleman 2013).

Drehbuchautoren denken und schreiben in Szenen (die ich hier mit Ereignissen gleichsetzen möchte, auch wenn Szenen nicht unbedingt vollständige Ereignisse abbilden. Szenen spiegeln in ihrem Aufbau die Gesamtstruktur einer Geschichte wider: Jede Szene hat einen Protagonisten, der ein Szenenziel verfolgt und dafür aktiv handelt. Jede Szene hat einen Anfang, einen Mittelteil und ein Ende (auch wenn nicht immer alle drei klar zu sehen sind). Drehbuchautor Robert McKee schreibt in seinem Lehrbuch „Story", dass sich in Szenen immer eine Lücke zwischen dem erwarteten Handlungsziel des Protagonisten und der tatsächlichen Reaktion der Welt auf seine Aktion auftun muss. Veränderung ist für ganze Geschichten genauso essentiell wie für Szenen.

Am Ende einer Szene darf nichts wie am Anfang sein. Weil das alles sehr abstrakt oder weit hergeholt klingt, hier ein praktisches Beispiel: Der Journalist Sebastian Junger schrieb in einem Beitrag für *Vanity Fair* 2015 über seine eigene Erfahrung mit posttraumatischen Belastungsstörungen (PTBS). In seinem Text befindet sich eine Szene, in der er seinen Lesern zeigt, wie er erstmals mit PTBS in Berührung kam. Allein die Auswahl der Szene ist wichtig. Es war ein Aha-Erlebnis für den Autor, ein einschneidender Moment, der überhaupt erst zur Geschichte führte. Junger beginnt seine Geschichte mit seinen traumatischen Erfahrungen als Soldat in Afghanistan. Der zweite und dritte Absatz beschreiben dann die eigentliche Szene. Junger beginnt die Szene damit, wie er seine Erfahrungen hinuntergeschluckt und damit unterschätzt hatte, bis zu jenem Tag. Das ist eine Form von „Foreshadowing" (epischer Vorausdeutung), einer Technik, die die Leser bereits ahnen lässt, dass etwas Negatives folgen wird. Junger beschreibt dann, wie er in einer New Yorker U-Bahn-Station eine Panikattacke erleidet. Er presst sich gegen eine Säule, kann sich nicht mehr bewegen, es sind viel zu viele Menschen um ihn herum. Es ist Jungers interner Konflikt, der sich jetzt extern manifestiert. Das ist Storytelling in Perfektion. Das ist auch der Wendepunkt der Szene, ihr erregendes Moment, in dem die Spannung schlagartig emporschießt. Als Leser stellt man sich die Frage: Wie endet die Panikattacke? Wird Junger es noch nach Hause schaffen? Junger löst die Szene auf. Nein, er schafft es nicht, den Zug zu nehmen. Stattdessen läuft er zurück (Junger 2015). Diese Szene hat einen Anfang (Junger geht in die U-Bahn-Station), einen konfliktgetriebenen Mittelteil (die Panikattacke mit all ihren Details) und ein Ende (Junger muss zu Fuß nach Hause). Die Szene zeigt auch die Veränderung, die Junger im Laufe der Szene durchmacht. Er tritt als „normaler" Mensch in die U-Bahn-Station ein und kommt als PTBS-kranker Mensch wieder heraus. Junger erlangt eine entscheidende Erkenntnis auf dem Höhepunkt der Szene (die Klimax oder Peripetie): Er verbindet die Angstattacke instinktiv mit seiner Zeit in Afghanistan. Die Lücke zwischen der Erwartungshaltung des Protagonisten, wie von McKee beschrieben, ist klar erkennbar. Junger will eigentlich nur die U-Bahn nehmen, ein alltägliches Ereignis. Dazu kommt es aber nicht, und er muss handeln. Jungers Szene erfüllt also alle Anforderungen an eine gute Drehbuchszene.

Wenn Sie sich an einen Grundsatz halten, liegen die Chancen gut, dass Ihre Geschichte auch ankommt: Sie soll vom Publikum verstanden werden. Es geht nie darum, sich als Autor möglichst schlau zu präsentieren. Gute Geschichten erkennt man nicht zuletzt am Stil ihres Autors. Der ist verständlicherweise je nach Autor unterschiedlich. Alice Munro schreibt anders als Stephen King. Es gibt aber einige universelle Grundregeln, mit denen Sie nicht falsch liegen können. Dazu gehört ein Stil-Trio aus dem Journalismus, das „ABC". Es steht für:

- **Accuracy (Präzision):** Je präziser Sie Sprache verwenden, umso weniger Missverständnisse gibt es. Bei diesem Prinzip geht es aber auch um semantische Korrektheit. Die Fakten müssen stimmen.
- **Brevity (Kürze):** Wenn es ein kurzes Wort in Ihrer Muttersprache gibt, verwenden Sie das und kein künstlich aufgeblasenes Jargon- oder Fremdwort. Das hat mir der *Guardian*-Wissenschaftsredakteur Tim Radford beigebracht.
- **Clarity (Klarheit):** Weniger Missverständnisse und Ambivalenzen sind auch bei diesem Prinzip das Ziel. Das Publikum soll klare Bilder vor dem inneren Auge entwickeln.

Die restlichen Stilregeln schreibe ich als Liste nieder, so können Sie sie immer wieder leicht als Referenz heranziehen.

- **Jargon:** Jargon hat in keinem Text etwas verloren, außer in wissenschaftlichen Arbeiten. Müssen Sie dennoch Jargon verwenden, dann nach folgendem Schema: Führen Sie den Begriff zuerst ein, erklären ihn auf einfache Weise (!), und verwenden Sie ihn dann im Rest des Textes weiter. Dafür können Sie beispielsweise Metaphern verwenden.

© Der/die Herausgeber bzw. der/die Autor(en), exklusiv lizenziert durch 39
Springer Fachmedien Wiesbaden GmbH, ein Teil von Springer Nature 2020
M. W. Angler, *Journalistische Praxis: Science Storytelling,* essentials,
https://doi.org/10.1007/978-3-658-29824-1_7

- **Metaphern:** Gute Metaphern zu entwickeln ist harte Arbeit, die sich aber bezahlt macht. Versuche folgendes: Überlegen Sie sich, welcher Jahreszeit, welchem Tier oder welchem Gefühl Ihre wissenschaftliche Disziplin nahekommt. In meinen Workshops treffen Wissenschaftler aus allen möglichen Disziplinen aufeinander. Was außerdem beim Tüfteln an Metaphern hilft, ist sensorische Sprache.
- **Sensorische Sprache:** Wörter, die das Publikum unweigerlich an Farben, Formen, Gerüche, Gefühle und Töne denken lassen, funktionieren meistens wunderbar als gemeinsamer Verständnisnenner. Dazu gehören insbesondere onomatopoetische Verben, wie zischen, huschen oder klackern.
- **Adverbien:** Braucht kein Mensch. Insbesondere nicht bei direkter Rede, wo Autoren gerne immer wieder mit Adverbien beschreiben, wie genau der Redner etwas sagt (ohne mit dem Finger zeigen zu wollen, aber Dan Brown macht das so gut wie immer). Ausdrucksstarke Verben und Nomen erledigen den Job ganz ohne adverbiale Teufelei. Eine Ausnahme bilden Übergänge, wo Adverbien prima Bezüge zur vorherigen logischen Einheit aufbauen können (im Sinne der ABT-Formel: „deshalb").
- **Rhetorische Stilmittel:** Alliterationen, die mit demselben Anfangsbuchstaben beginnen, bleiben dem Publikum lange im Gedächtnis. Besonders effektiv sind sie, wenn Sie sie mit der Dreierregel kombinieren. Wissenschaftsjournalist Carl Zimmer hat das beispielsweise in seinem neuen Buch gemacht. Der Titel lautet: „She has her mother's laugh: the powers, perversions, and potential of heredity".
- **Zooming:** Zooming ist eine literarische Technik, die häufig in Zeitschriftentexten und Dokumentationen über Wissenschaft zur Anwendung kommt. Der Englischprofessor Samuel Ichye Hayakawa hat dazu die Abstraktionsleiter entwickelt. Sie spiegelt wider, wie konkret oder abstrakt der Text gerade ist. Ganz oben auf der Leiter befindet sich die höchste Abstraktionsebene. Auf ihr betrachtet man das Konzept oder Grundproblem eines Textes. Wie im Strukturkapitel beschrieben, beginnen Zeitschriftentexte oft mit einem sehr konkreten, greifbaren Teil. Dieser befindet sich auf der Abstraktionsleiter ganz unten. Der Übergang auf das zugrunde liegende Problem, das übergeordnete Thema des Textes (beispielsweise Waldbrände) befindet sich wesentlich höher und beschäftigt sich häufig mit Zahlen, Statistiken, Implikationen und dem „big picture". Der Clou liegt darin, zwischen beiden Modi abzuwechseln – ganz nach der Schichtkuchentechnik.
- **Ironie:** Ironie ist leider nicht jedermanns Sache, wie ich immer wieder schmerzhaft feststellen muss. Nichtsdestotrotz, sie ist ein einfaches und wunderbares Stilmittel, die, wörtlich genommen, das Gegenteil von dem sagt, was

der Autor sagen möchte. Daneben gibt es aber noch die dramatische Ironie, die etwas völlig anderes bedeutet. Wenn das Publikum etwas weiß, das einer der Figuren noch nicht bekannt ist, dann teilt es dieses Wissen mit dem Autor. Die beiden werden zu Komplizen. Ein Beispiel ist das Gefühl bei Horrorfilmen, das aufkommt, wenn das Publikum weiß, dass ein Mörder hinter der Tür lauert, der Protagonist das aber nicht weiß und blind in dessen Arme läuft. Das ist dramatische Ironie.

- **Szenisch schreiben:** Szenisch schreiben heißt, deskriptiv zu schreiben. Je nach Geschichte kann es sich anbieten, dass Sie zuerst die Umgebung beschreiben (wenn sie für den Verlauf der Geschichte von Bedeutung ist; in einer Geschichte über Umweltverschmutzung würde eine Beschreibung der unberührten Umgebung den Empathieeffekt im Publikum verstärken.

- **Rhythmus:** Satzebene: Lange Sätze sollten sich mit kurzen abwechseln. Der Median guter Satzlängen liegt bei etwa 17 Wörtern, aber das ist natürlich abhängig davon, wie häufig Jargon und Fremdwörter zum Einsatz kommen. Lange Sätze erhöhen den Lesefluss und die Geschwindigkeit, verringern aber gleichzeitig die Informationsaufnahme. Kurze Sätze bremsen die Leser und funktionieren deshalb als Stilmittel, um eine Idee zu betonen. Was uns zum nächsten Stiltipp bringt.

- **Ideen und logische Einheiten:** Sätze und Absätze bilden logische Gedankeneinheiten. Jeder Satz sollte sich damit zufriedengeben, eine Idee zu beinhalten. Ansonsten werden Sätze schnell zu verschachtelt, und die Leser behalten ohnehin keine Vielzahl an Ideen. Dasselbe gilt in etwa für Absätze. Sie sind ebenfalls logische Einheiten, die nicht mehr als eine Idee darstellen sollten. Dabei gilt: Um gute Überleitungen zu ermöglichen, sollte der erste Satz eines Absatzes auf den vorherigen Bezug nehmen. Das ist keine Hexerei: Pronomen funktionieren dafür bestens. Der letzte Satz eines Absatzes sollte schon mit der Absicht geschrieben werden, eine Überleitung zu ermöglichen. Der Mittelteil schließlich enthält die eigentliche Idee, die, wie bei Kolumnen und Essays in Argument und Beweisführung aufgeteilt ist. Gute Absätze sind also (Überraschung) dreigeteilt.

- **Wiederholungen:** Hier gilt die Szenenregel. Jedes Stück Information, das der Leser bekommt, braucht eine Daseinsberechtigung, muss also neue Informationen liefern. Wiederholungen von Konzepten und Ideen fliegen ausnahmslos raus. Dieses Prinzip wird leider oft ins Gegenteil verdreht, wenn es um Wörter geht: Wörter dürfen und sollen sogar erneut gleich genannt werden. Viele Autoren umschreiben aber dieselbe Person oder dasselbe Objekt bei jeder Erwähnung mit einem neuen Begriff. Das ist eher schädlich als nützlich, weil dabei in der Regel Klarheit und Präzision verloren gehen. Ein Beispiel: Wenn ich Charlie zuerst als Schimpansen bezeichne, dann als Menschenaffen, dann als Affen und zuletzt als Säugetier, verwässere ich damit den Begriff in jedem Schritt ein bisschen. Am Ende wundern sich die Leser, wer oder was genau gemeint ist. Das sollte aber nicht so sein. Es spricht nichts dagegen, einen Schimpansen auch wiederholt einen Schimpansen zu nennen. An Stilblüten wie häufig veränderten Begrifflichkeiten erkennt man prima Autoren, die sich mit ihrem Vokabular brüsten wollen. Es geht aber immer um das Publikum, nie um den Autor.

- **Überleitungen:** Sätze brauchen logische Überleitungen, genau wie Absätze. Solche Überleitungen können Sie mit Pronomen, Adverbien oder Bindewörtern bilden.
- **Aktiv oder Passiv:** Es gibt kaum einen Grund, den Passiv (die Leideform!) zu verwenden. Es sei denn, Sie haben Angst davor, als Autor für Ihre Aussagen festgenagelt zu werden. Dabei sollte gute Schreibe eigentlich genau das ermöglichen, und sie ist auch genau daran erkennbar. Eine Ausnahme ist, wenn Ihnen der Urheber einer Aktion tatsächlich unbekannt ist – oder wenn Sie den Passiv absichtlich dazu einsetzen, um Spannung aufzubauen.
- **Ein letztes Wort zum Thema Spannung:** Wenn Sie eine Anekdote als Einstieg für einen Text schreiben, enthalten Sie den Lesern einige Informationen. Statt etwa zu schreiben: Am Tag X erwischte ich zwei Studenten auf dem Laborarbeitstisch beim Sex (übrigens eine wahre Geschichte, obwohl nicht meine eigene), können Sie schreiben: „Es war neun Uhr früh, als ich das Labor betrat und die beiden dabei erwischte". In diesem Moment haben Sie die Leser sofort am Haken, weil sie sich die dramatische Frage stellen: Wobei erwischt? Egal, was nun folgt, sie werden bis zum Ende lesen. Das gezielte Vorenthalten von Informationen ist also ein Stilmittel, das Spannung aufbaut und immer wieder hervorragend funktioniert.

Was Sie aus diesem *essential* mitnehmen können

- Warum Wissenschaft Geschichten erzählen muss
- Die Bauelemente guter Geschichten
- Baupläne für Geschichten
- Story-Formeln aus Fernsehen und Kino
- Stilregeln

Literatur

Angler MW (2017) Science journalism: an introduction. Routledge, London

Angler MW (2020) Telling science stories. Routledge, London

Bardon A (2020) The fact-checker's dilemma: humans are hardwired to dismiss facts that don't fit their worldview. NiemanLab. https://www.niemanlab.org/2020/01/the-fact-checkers-dilemma-humans-are-hardwired-to-dismiss-facts-that-dont-fit-their-worldview. Zugegriffen: 2. Febr. 2020.

ElShafie SJ (2018) Making science meaningful for broad audiences through stories. Integr Comp Biol 58(6):1213–1223

Enfield N (2018) Our job as scientists is to find the truth. But we must also be storytellers. *The Guardian.* https://www.theguardian.com/commentisfree/2018/jul/20/our-job-as-scientists-is-to-find-the-truth-but-we-must-also-be-storytellers. Zugegriffen: 31. Jan. 2020.

Galtung J, Ruge MH (1965) The structure of foreign news: the presentation of the Congo, Cuba and Cyprus crises in four Norwegian newspapers. J Peace Res 2(1):64–90

Goleman D (2014) Focus: the hidden driver of excellence. Bloomsbury, New York

Hasson U (2016) This is your brain on communication. TED. https://www.youtube.com/watch?v=FDhlOovaGrI. Zugegriffen: 1. Febr. 2020.

Junger S (2015) How PTSD became a problem far beyond the battlefield. *Vanity Fair.* https://www.vanityfair.com/news/2015/05/ptsd-war-home-sebastian-junger. Zugegriffen: 1. Febr. 2020.

Martinez-Conde S (2016) Has contemporary academia outgrown the Carl Sagan effect? J Neurosci 36(7):2077–2082

Merlot J (2020) Politiker haben die Verantwortung, Forscher zu schützen. *Der Spiegel.* https://www.spiegel.de/wissenschaft/medizin/nikos-logothetis-hinforscher-ueber-seine-zeit-nach-dem-vermeintlichen-tierversuchs-skandal-a-d9f33394-ad62-4eec-9534-2e0843c08821. Zugegriffen: 2. Febr. 2020.

Olson R (2015) Houston, we have a narrative: why science needs story. University of Chicago Press, Chicago

Rahmstorf S (2019) Retten Bäume das Weltklima? Spektrum der Wissenschaft. https://www.spektrum.de/kolumne/retten-baeume-das-weltklima/1659686. Zugegriffen: 31. Jan. 2020.

Rees BR (1972) Pathos in the poetics of aristotle. Greece & Rome 19(1):1–11

M. W. Angler, *Journalistische Praxis: Science Storytelling,* essentials, https://doi.org/10.1007/978-3-658-29824-1

Shelby A, Ernst K (2013) Story and science: how providers and parents can utilize storytelling to combat anti-vaccine misinformation. Hum Vaccines Immunotherapeutics 9(8):1795–1801

Wiessner PW (2014) Embers of society: firelight talk among the Ju/'hoansi Bushmen. Proc Nat Acad Sci 111(39):14027–14035

Zak PJ (2014) Why your brain loves good storytelling. Harvard Business Review. https://hbr.org/2014/10/why-your-brain-loves-good-storytelling. Zugegriffen: 3. Febr. 2020.

Stichwortverzeichnis

Printed in the United States
By Bookmasters